지은이 ¦ 에릭 A. 해블록Eric A. Havelock

1903~1988. 하버드대학과 예일대학 교수를 역임한 세계적인 고전학자. 영국에서 태어나 케임브리지대학에서 수학한 뒤로는 주로 캐나다와 미국에서 활동했다. 1929년 토론토대학 교수가 됐고, 1930년대에 캐나다에 있는 동안 점점 더 정치에 깊이 관여하면서 캐나다 사회주의 운동에 가담하여 활동했다. 1947년에는 미국으로 건너가 하버드대학 교수가 됐고, 나중에는 고전학과장이 되어 1963년까지 재직했다. 『플라톤 서설』을 펴낸 뒤 예일대학의 고전학과장으로 8년 동안 일했고, 한동안 뉴욕주립대학에서 가르친 다음 1973년 은퇴했다.

학자로서 해블록의 주요 관심사는 고대 그리스에서 구술문화가 문자문화로 바뀐 과정과 그것이 현대 서양 사상과 사고에 미친 영향으로, 고전 세계와 구술-문자 전환기를 이해하기 위한 완전히 새로운 모델을 내놓았다. 그는 서양의 사고는 모두 고대 그리스가 구술 사회로부터 문자 사회로 전환되던 시기에 인간의 마음에 일어난 본질적 변화가 그 바탕에 깔려 있다고 본다. 그의 이런 견해는 고전학자들 사이에서 큰 논란을 불러일으켰고 고전학을 넘어서 폭넓은 학문 분야에 크나큰 영향을 미쳤다. 해블록은 월터 J. 옹과 아울러 구술-문자 전환기를 연구하는 학문을 만들어냈을 뿐 아니라 그 분야에서 가장 많이 인용되는 학자 중 하나다.

주요 저서로는 『그리스 정치학 속의 자유주의 성향*The Liberal Temper in Greek Politics*』(1957), 『플라톤 서설*Preface to Plato*』(1963), 『그리스의 정의 개념—호메로스의 그림자로부터 플라톤의 실체로*The Greek Concept of Justice: From Its Shadow in Homer to Its Substance in Plato*』(1978), 『그리스의 문자 혁명과 그 문화적 여파*The Literate Revolution in Greece and Its Cultural Consequences*』(1982), 『뮤즈, 글쓰기를 배우다*The Muse Learns to Write*』(1986) 등이 있다.

옮긴이 ¦ 권루시안

번역가로서 다양한 분야의 다양한 책을 독자에게 아름답고 정확한 번역으로 소개하려 노력하고 있다. 옮긴 책으로는 카데르 코눅의 『이스트 웨스트 미메시스—터키로 간 아우어바흐』, 이반 일리치·배리 샌더스의 『ABC, 민중의 마음이 문자가 되다』, 이반 일리치의 『과거의 거울에 비추어』, 잭 웨더포드의 『야만과 문명』, 데이비드 크리스털의 『언어의 죽음』 등이 있다. www.ultrakasa.com

뮤즈, 글쓰기를 배우다

The Muse Learns to Write:
Reflections on Orality and Literacy
from Antiquity to the Present
by Eric A. Havelock

This Korean language edition published
by arrangement with Yale University
Press, through KCC, Seoul.

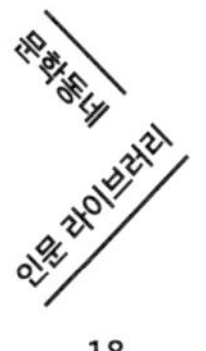

18

뮤즈, 글쓰기를 배우다

고대부터 현재까지 구술과 문자에 관한 생각

에릭 A. 해블록 ¦ 지음 | 권루시안 ¦ 옮김

문학동네

크리스틴을 위하여

일러두기

1. 이 책은 Eric A. Havelock, *The Muse Learns to Write* (Yale University Press, 1986)를 번역한 것이다.
2. 이 책의 각주는 모두 독자가 본문을 읽으면서 궁금해질 만한 부분을 보충하기 위해 옮긴이가 붙였으며, 본문에는 옮긴이의 부연 설명을 넣지 않았다.
   그리스어 표기도 지은이가 로마자로 표기한 것을 옮긴이가 그리스 알파벳으로 표기했다.
3. 성서와 관련된 표기나 인용문은 공동번역 성서를 기준으로 삼았다.
4. 단행본과 잡지는 『 』, 시, 논문 등은 「 」로 표기했다.
5. 원서에서 이탤릭체로 강조한 부분은 본문에서 고딕체로 표기했다.

차례

감사의 말

구술-문자 문제가 고대 그리스에 국한된 문제로 그치지 않고 점점 더 현대와 관련된 문제로 바뀌어가고 있다는 점에서 이 책을 읽는 분들은 월터 J. 옹Walter J. Ong의 기여가 크다는 것을 인정할 것이다. 그가 쓴 훌륭한 개론서 『구술문화와 문자문화*Orality and Literacy*』는 이 책에서 시도하는 구술-문자 문제의 종합을 위한 기초가 되어주었다. 고대 그리스를 다룰 때 나의 관점이 유용하다는 점을 그가 아낌없이 인정해준 것과 마찬가지로, 나 역시 현대를 다룰 때 그의 관점을 매우 많이 가져왔으므로 감사를 표한다. 가까이에서는 예일대학 고전학과 안에서 나를 학문적으로 지지해주고 개인적으로 공감해준 존 홀랜더John Hollander에게 큰 신세를 졌다. 고전 시대의 목소리에 언제나 성의 있게 귀를 기울여주는 사람을 찾을 수 있는 곳에서 얻은 지지와 공감이었기에 더욱 반가웠다.

나의 논지를 뒷받침하기 위해 상고시대 그리스 미술사를 가져오는 부분에서는 크리스틴 해블록Christine Havelock의 도움을 받았다.

내 원고는 예일대학 출판부 편집자 엘런 그레이엄Ellen Graham이 정성스레 손질해주었다. 세밀한 부분뿐 아니라 전반적 표현에 이르기까지 그처럼 훌륭하게 손질해주는 편집자를 만나는 행운을 누리는 저자는 확실히 그리 많지 않을 것이다.

내 글은 또 원고 정리를 맡아 꼼꼼하게 읽고 다듬어준 제이 윌리엄스Jay Williams의 덕을 많이 보았다.

미국 코네티컷 주 뉴밀퍼드에서
에릭 A. 해블록

1 탐구 과제

이 책의 의도는 인간의 의사소통 역사에서 있었던 고비, 즉 그리스 구술성orality*이 그리스 문자성literacy으로 탈바꿈한 때를 하나의 그림으로 통합하여 보여주는 것이다. 나는 지난 33년 동안 이 문제의 여러 측면을 단행본 세 권과 이런저런 논문에서 따로따로 다루었다. 그 일부는 최근에 출간됐고, 일부는 이제 외국어로 번역되어 있다.(참고문헌 참조) 이제 이런 다양한 결론을 한데 모아 저 탈바꿈이 일어난 방식, 그것이 그 시대에 띠고 있던 의미, 그리고 그 이후 저때의 탈바꿈이 우리에게 어떤 의미가 있었는지를 하나의 시각으로 엮을 때가 된 것으로 보인다. 우리 인류사에서 그리스 문학과 그리스 철학은 문자로 적힌 말이 최초로 빚어낸 쌍둥이에 해당하는 활동이다. 이 두 가지가 최초인 이유가 정확하게 무엇인지, 그리고 이 둘이 독특한 이유가 정확하게 무엇인지

* 이 책에서는 orality와 literacy를 각각 '구술성口述性'과 '문자성文字性'으로 옮겼다. 원래는 이 두 용어가 너무 낯설어 '구술문화'와 '문자문화'로 옮기려 했고 실제로 대부분은 그렇게 옮겨도 뜻이 충분히 잘 통한다. 그러나 낱말의 개념이 좁아지고 가리키는 방향이 미묘하게 달라지면서 뜻을 정확하게 전달하기 어려운 경우가 있어, 결국 원래 용어를 의미의 가감 없이 그대로 옮기는 쪽을 택했다. orality는 문자가 없는 사회에서 말이 문자로 기록되지 않는다는 사실에 기인하는 모든 현실을 가리키며, 그 상대 개념인 literacy는 문자가 있다는 사실에서 파생되는 현실을 가리킨다.

는 그리스 문자 혁명이라 불리는 것의 맥락 안에서 가장 잘 대답할 수 있는 질문이다.

그리스 문화의 성격과 관련하여 이런 문제가 아직 설명되지 않았다는 점은 매우 다른 주제를 다룬 책에서 처음 언급했으나, 그야말로 암시하는 수준에 지나지 않았다. 『그리스 정치학 속의 자유주의 성향*The Liberal Temper in Greek Politics*』(1957)에서 나는 소위 '조각'으로 전해오는 데모크리토스의 글은 지금은 실전失傳된 작품이 발췌된 형태로 전해오는 것이 아니라, 저작자가 그것들을 지을 때 독립적인 경구 역할을 하도록 의도한 것으로 보인다는 의견을 내놓았다. "잘 다듬어진 문장은 문자 이전 구술 소통 시대에 전해지기 시작했다. 입으로 하는 말에 의지하여 교훈을 가르치고 기억에 의지하여 교훈을 보존하던 시대였다."(해블록 1957, 126쪽)

아서 녹Arthur Nock이라는 학자가 나와 개인적으로 대화를 나누던 중에 이 의견과 거기 함축돼 있을 수 있는 의미에 주목했는데(내가 알기로는 그가 유일하다), 그 점에 대해 나는 영원히 고마움을 잊지 않을 것이다. 나는 그것이 철학 경구가 훗날 어떤 용도로 쓰였는지에 대한 연구가 필요하다는 문제 제기 역할을 했다고 믿고 있고, 제프 스튜어트Zeph Stewart가 그 문제를 다룬 귀중한 논문을 내놓았다.(1958, 179~191쪽)

당시 나는 소크라테스 전 철학자들*과 관련된 부분에서는 구술성 주제를 더 깊이 파고들지 않고 삼갔다.(그러나 핸프먼 1953,

* 소크라테스 전 철학자는 말 그대로 소크라테스의 영향을 받지 않은 그 전 시대 철학자들을 통칭하는 이름으로, 세계의 모든 것을 신이 아니라 자연법칙을 바탕으로 설명하려 했다는 공통점이 있다. 주요 인물로는 탈레스, 아낙시만드로스, 아낙시메네스 등 밀레토스 학파 철학자, 크세노파네스, 헤라클레이토스, 파르메니데스, 엠페도클레스, 엘레아의 제논, 아낙사고라스, 데모크리토스, 피타고라스 등이 있다.

24쪽 주1 참조*) 「파르메니데스와 오디세우스Parmenides and Odysseus」(1958)라는 논문에서는 좀더 그 주제 쪽으로 접근하여, 철학자 파르메니데스가 철학시를 지을 때 호메로스가 다룬 주제를 길잡이로 삼은 데 대해 탐구했다. 이것은 그리스 전반의 구술oralism이라는 맥락 안에서만 완전히 설명할 수 있는 현상으로, 그리스의 구술은 파르메니데스 시대에 와서도 소크라테스 전 철학자들의 저술 방법과 사고에 지배력을 행사하고 있었다. 이런 생각은 마침내 「문자 이전과 소크라테스 전 철학자들Pre-Literacy and the Pre-Socratics」(1966a)에서 완전히 제 모습을 갖추었다. 이 논문에서 나는 실제 사용한 언어가 전해져 내려오는 소크라테스 전 철학자 중 적어도 첫 네 명은 구술 저술가로서 호메로스와 헤시오도스의 언어를 자연스레 받아들인 표현 양식을 사용하여 시구나 경구로 작품을 지었으며, 또 호메로스와 헤시오도스의 창세신화까지—다듬을 필요가 있는 전통적 모델로서—수용했음을 주장하는 논리를 펼쳤다. 더 근래에 펴낸 학술논문 「소크라테스 전 철학자들의 언어학적 과제The Linguistic Task of the Presocratics」(1983b)에서는 고찰 대상을 소크라테스 전 철학자들의 작품 중 실제로 인용된 모든 것으로 한정함으로써, 제목에서 말하는 '과제'는 기존 사고 체계와 경쟁 관계에 놓이는 사고 체계를 내놓는 것이 아니라 미래의 모든 철학적 사고 체계를 표현할 수 있는 개념 언어를 발명하는 것으로 이해해야 한다는 결론을 이끌어낼 수 있었다. 그렇지만 이 언어는 호메로스와 헤시오도스로부터 가져온 것으로, 구술

* 이 주에서 핸프먼은 자신의 논문(1953)이 1951년 미국문헌학회 심포지엄에서 발표된 것을 손질하고 확장한 것임을 밝히는 한편, 같은 심포지엄에서 발표된 이오니아 관련 논문을 두 편 더 소개하는데 그중 하나가 에릭 해블록의 「추상 어휘를 탐색한 이오니아의 과학Ionian Science in Search of Abstract Vocabulary」이다. 핸프먼은 해블록의 이 논문이 출간될 예정이라고 했지만, 소개한 것과 같은 제목으로 출간되지는 않은 것으로 보인다.

이 아닌 새로운 통사법이 부여된 언어다. 같은 논문에서 소위 밀레토스 학파(고대 후기에 제안된 호칭)가 '무한'(토 아페이론τo ἀπείρων)이라는 개념을 언급하면서 처음으로 개념 어휘를 사용했다는 관점을 뒷받침하는 증거(테오프라스토스가 남긴)라고 하는 것을 살펴보았다. 이때 내린 결론은 그 증거는 존재하지 않는다는 것이었다. 이 선구자들은 그 뒤를 이은 사람들과 마찬가지로 구술 발행을 염두에 두고 구술 어투를 사용하여 작품을 지었고, 나아가 필시 시구로 지었을 것이다.

내가 그때 파악했다고 생각한 바에 따르면 호메로스와 헤시오도스로부터 가져와 다듬어지고 있던 원시 이론 언어는 소크라테스 전 철학자들이 물리 세계에 적용하고자 한 언어였다. 그들이 추구한 용어는 주로 천체, 공간, 운동, 변화, 질, 양 등과 그 비슷한 물리 용어로서 (우리가 보기에) 기본적이고 비교적 단순했다.

공정, 의, 선, 성실과 편법, 의무적 행위와 허용되는 행위 등 도덕적 가치를 나타내는 어휘, 다시 말해 도덕 세계의 경우는 어땠을까? 윤리학 언어로 표현된 이런 여러 개념 역시 말이 기록되기 시작한 다음에야 존재하게 됐을까? 물리학처럼 윤리학도 발명이 필요했을까? 나아가 구술성이 문자성으로 대체된 다음에야 발명될 수 있었을까? 이 방향의 생각은 위험을 안고 있을 가능성이 분명하므로, 물리 세계를 먼저 다뤄 어느 정도 기초가 갖춰진 다음으로 미뤄두는 것이 좋겠다고 판단했다.

그렇지만 이 때문에 어휘 변화에 이어 통사법 변화라는 똑같이 성가신 문제가 제기됐는데, 세계의 행동과 대비하여 인간의 행동 묘사에 사용되는 언어에서 이러한 변화가 눈에 띌 정도로 일어났기 때문이다. 원래 나는 플라톤의 가장 유명한 저서 『국가』에서 중점적으로 다루는 주제인 '정의'를 나타내는 용어가 헤로도토스 이전 시대의 어떤 글에서도 찾아볼 수 없는 다섯 음절 형태라는 점을 알아차리고 호기심을 느꼈다. 더 짧은 두 음절 형태는 호메로스, 헤시오도스, 그리고 그 이후 저자들에게서 나오지만 긴 형태와 같은 통사법으로는 한 번도 나오지 않는다. 여기서 이끌어낼 수 있는 몇 가지 결론은 「디카이오수네—그리스 지성사에 관한 에세이Dikaiosune: An Essay in Greek Intellectual History」(1969)에서 다루었다. 그로부터 거의 10년이 지나서야 이것을 『그리스의 정의 개념—호메로스의 그림자로부터 플라톤의 실체로*The Greek Concept of Justice from Its Shadow in Homer to Its Substance in Plato*』(1978a)에서 더 자세히 다루었는데, 이 책에서는 자율에 속하는 도덕적 가치 체계 개념은 개개인의 의식 속에서 내면화할 능력이 있는 한편 그리스가 계몽시대를 거치며 놓인 기초 위에 만들어진 문자문화의 발명품이자 플라톤의 발명품이며, 예의범절과 올바른 절차 차원에서 '마땅히 해야 하는 것'이라는 구술적 의미를 대체했다는 서로 연관된 두 가지 의견을 내놓았다.

나는 불확실한 추측이 아니라 실제 글로 남아 있는 것을 증거로 삼는다는 태도를 방법론으로 고수할 필요가 있었다. 이것은 소크라테스라는 존재를 이야기에서 빼놓을 필요가 있었다는 뜻인데, 우리가 플라톤의 글이라고 말할 때와 같은 의미의 글이 소크라테스의 경우에는 존재하지 않기 때문이다. 그것에 가장 가까운 것은 그가 40세 정도일 때(당시 플라톤은 어린아이였다) 실제로 말한 것들이 익살극으로 기록된 것이었다. 그 공백을 어떻게 메우기 시작할 수 있을지는 「아리스토파네스의 '구름'에서 풍자된 소크라테스의 자아The Socratic Self as It Is Parodied in Aristophanes' 'Clouds'」(1972)에서 다루었다.

사실 이것은 문제의 해법을 찾아낼 수도 있는 올바른 맥락의 실마리를 그 20년 전에 내다 버린 또하나의 사례였다. 이 경우에는 소크라테스 문제였고, 「소크라테스는 왜 재판을 받았는가?Why Was Socrates Tried?」라는 질문을 던진 에세이에서였다. 질문에 대한 답의 하나로, 나는 기원전 5세기 후반이 되기까지 "예술이나 기술과 마찬가지로 법학, 경영학, 농학 등의 학문 분야도 없었고 교재도 없었으며, 사실 전반적 교육 과정은 구술문화라는 조건에 맞춰야 했다"는 점을 지적했다.(해블록 1952, 100쪽)

한 세대에서 다음 세대로 확실하게 전달되게 함으로써 이 '교육'이 유지되게 만드는 장치는—장치라 할 수 있다면—구술 사회의 전형적인 것이었다. 그것은 바로 연소자와 그의 '안내자, 철학자, 친구' 역할을 하는 연장자가 일상적으로 밀접하게 교류(쉬누시아συνουσία)하는 방식으로, 공을 들여 함양한 관습이었다.(같은 출처) 이 목적을 위해 제도적으로 동성애적 유대를 권장했다. 남성이 지배하는 확장된 집안 사회에서 이 방식은 남성 부모의 확고한 지지를 받았다. 소크라테스의 죄는 이 교육을 사실상 전문화하여, 그 맥락을 시적 전통과 경험(엠페이리아ἐμπειρία)에 따라 결정하지 말고 이제부터는 '생각'을 변증법적으로 고찰하여 결정하자고 제안한 것이었다. 이것은 아테나이 '상류 집안' 지도자들이 이제까지 휘두르던 정치적, 사회적 지배력에 대한 명백한 위협이었다.

소크라테스의 교육(파이데우시스παίδευσις)과 소크라테스의 자아 관념은 이렇듯 소크라테스 문제가 풀릴 수도 있는 한 가지 해법의 잃어버린 연결고리로서 제안됐으며, 둘 모두 구술-문자 방정식이라는 맥락 안에서 여러 문제를 제기한다. 문자성이 커져가면서 아는 주체와 아는 대상의 분리가 이루어지고 있었는데, '자아'의 발견은 바로 이 분리의 본질이라고 볼 수 있기 때문이다.(해블록 1963, 11장) 이렇게 제기된 문제는 다시 언어학적 용법 문제로 이어졌는데, 그것은 바로 교육 관련 어휘, 그리고 자기실현 관련 어휘 문제였다. 소크라테스의 사명을 전체적으로 구술-문자 전환에 따른 언어학적 활동으로 바라볼 수는 없을까? 만일 그렇게 볼 수 있다면 소크라테스 자신은 역설적 역할을 맡은 것이다. 어릴 때 익힌 습관을 고수하는 구술 저술가이면서도 구술을 새로운 방식으로 활용했기 때문이다. 그는 시의 암기를 위해서가 아니라 시 전통의 지배를 깨부수기 위한 산문 도구로서 구술을 활용했고, 그것을 개념 어휘와 통사법으로 대체하여 구술 사회에서 행동을 지배하는 규칙들에 적용함으로써 보수적 입장에서 그런 규칙들을 고쳐 만들고자 했다. 그의 제자들은 문자를 구사하는 새 세대 사람들로서 이 혁신의 결과를 그 논리적 결과물인 대화편에 모두 기록했고, 그렇게 그들 자신의 해석을 확장시킴으로써 그의 지평을 넘어서기까지 했다. 이것은 철학 분야를 통틀어 가장 유명한 분야에 적용된 문자 그대로의 수정주의였다. 그 같은 수정주의에서 끌어낼 만한 완전한 결말은 지난 2년간에 와서야 「소크라테스 문제—몇 가지 재고할 것들The Socratic Problem: Some Second Thoughts」(1983a)과 「소크라테스의 구술성과 플라톤의 문자성—유럽 도덕철학의 기원에 관한 몇 가지 생각과 아울러The Orality of Socrates and the Literacy of Plato: With Some Reflections on the Origin of Moral Philosophy in Europe」(1984)로 출간됐다.

여기까지 소개한 연구는 그리스에서 일어난 문자 혁명의 언어학적 효과를 탐구한 것으로, 그리스 철학 분야에서 효과가 나타난 순서대로 초점을 맞춘 것들이다. 이것은 실제로 처음에 내가 케임브리지대학의 고전학 우등시험의 제2부 B단을 준비하기 위한 전공 공부를 하고 있던 때(1925) 호기심이 생긴 부분으로, 덕분에 소크라테스 전 철학자 분야에 집중할 수 있었다. 소크라테스 전 철학자(또는 플라톤 전 철학자라는 호칭이 연대적으로 더 정확하며, 이렇게 하면 소크라테스를 구술 시대에 더 가깝게 제대로 분류하기 때문에 나는 현재 이 호칭을 더 선호한다)는 나의 첫사랑이며 그 뒤로도 내내 그렇다. 고전학 분야 바깥 학자나 철학자 중에도 나와 마찬가지로 이들에게 매력을 느끼는 사람이 많이 있다. 이 사상가들이 실제로 쓴 글을 연구하기 위해 당시 케임브리지 교실에서 우리가 사용한 교재(리터·프렐러 1913)에는 원전으로부터 발췌한 인용문과 원작자가 죽은 뒤 고전 시대에 붙인 해석 언어가 뒤섞여 있었고, 그나마도 그들이 죽은 지 오래 뒤에 해석을 붙인 경우가 매우 많았다. 나는 원전과 해석이 어휘와 어투 면에서 상충된다고 생각되는 부분을 살펴보았다. 현대의 해석 못지않게 원전에 포함된 고대의 해석에 대해서도 메타 언어*를 적용할 필요가 있어 보였다. 그 이유를 설명하려는 욕구가 그 이후 그리스와 그리스를 넘어 구술성 문제에 관해 내가 출간한 모든 것의 출발점이 되었다고 말할 수 있다. 내게 이 욕구는 모든 것이 시작된 곳이다. 밀먼 패리Milman Parry의 호메로스 연구, 특히 그가 1930년과 1932년에 쓴 논문 두 편이 내 연구의 출발점일 거라는 견해를 종종 보게 되지만, 그의 반가운 연구를 접한 것은 사실 그로부터 15년 뒤의 일이었다.

해럴드 처니스Harold Cherniss가 『아리스토텔레스의 소크라테스 전 철학 비평*Aristotle's Criticism of Presocratic Philosophy*』(1935)을 출간했을 때도 똑같이 반가웠다. 이 연구는 아리스토텔레스가 소크라테스 전 철학자들의 제일원리first principles를 설명할 때 그 자신의 물리 개념이 어떻게 영향을 받았는지를 정밀하게 탐구함으로써 메타 언어 문제를 본격적으로 제기했다. 나는 훨씬 더 넓은 전선에서 비슷한 공격에 나설 준비를 하고 있었는데, 18년 뒤 존 맥더미드John McDiarmid가 발표한 「테오프라스토스가 본 소크라테스 전 철학자들의 원인Theophrastus on the Presocratic Causes」(1953)을 보고 더욱 용기를 얻었다. 그로부터 1년이 지나지 않아 제프리 커크Geoffrey G. Kirk가 『헤라클레이토스—우주의 파편들*Heraclitus: The Cosmic Fragments*』(1954)을 출간하면서 소크라테스 전 철학자들의 사상에 대한 아리스토텔레스의 설명을 재평가하려는 움직임이

* 여기서 메타 언어는 고대로부터 전해오는 소위 '원전' 자체에도 실제 원전과 훗날 다른 사람이 덧붙인 해석이 섞여 있으며, 그렇게 덧붙인 언어를 원전이라는 언어에 대한 메타 언어로 취급한다는 뜻이다.

새로이 탄력을 받았다. 아리스토텔레스는 헤라클레이토스가 불이라는 원소를 제일원인의 하나로서 그의 사상 체계의 중심에 두었다고 해석했으나, 커크의 연구는 불을 밀어내고 로고스λόγος라는 용어(언어학적 의미의)를 헤라클레이토스의 사상 체계 중심에 확고하게 자리매김해주었다. 맥더미드도 커크도 그 이전에 캐나다의 토론토와 미국의 하버드에서 이런 주제를 중심으로 나와 구두로 의견을 나눈 일이 있었다.

나는 철학 언어로써 설정된 시각을 확장해나가다가, 초기 그리스 문학 전체에 걸쳐 시의 뮤즈가 독점적 권력을 행사하고 있는 듯 보인다는 문제를 알아차리기 시작했다. 현대라는 차원에서 볼 때 이것은 하나의 수수께끼였다. 우리가 우리 문화에서 당연하게 받아들이고 있을 뿐 아니라 어떤 문화에든 존재하고 있을 산문에 무슨 일이 벌어진 걸까? 나는 플라톤이 시에 대해, 특히 호메로스와 헤시오도스와 그리스 희곡에 대해 내놓은 혹평을 다시 읽어보았다. 내가 연구하던 분야에서는 플라톤의 혹평을 액면 그대로 받아들여서는 안 된다는 것이 정설이었고 나도 그 이전에는 그렇게 생각했다. 플라톤이 진심으로 그렇게 말한 것이 아니라거나, 그렇게 말한 데에는 한정된 일시적 목적이 있었을 것이라고 보았다. 그런데 만일 그가 진심으로 그렇게 생각했다면? 그렇다면 동기는 무엇이었을까? 그가 택한 언어는 산문이었고, 게다가 잘 다듬은 산문이기까지 했다. 무슨 이유에서든 그의 산문은 이전에 시가 행사하던 독점권을 떨쳐버린 상태였다. 그 이전의 두 저자도 확실히 그랬다. 그러나 헤로도토스는 아테나이 사람이 아니라 자기 방언으로 글을 쓴 이오니아 사람이었고, 투키디데스는 그 자신의 설명에 따르면 플라톤이 태어난 무렵 또는 약간 더 나중에 글을 쓰기 시작했다.

나는 플라톤의 혹평을 풀어낼 실마리는 그리스 문화 전체를 놓고 볼 때 구술-문자 방정식에 있을지도 모른다는 생각이 들었고, 이 논제를 다룬 책이 『플라톤 서설*Preface to Plato*』(1963)이다. 이 책에서는 철학자 중 가장 존경받는 사람의 권위를 활용하여 그의 시대 이전에 벌어지고 있던 일을 설명했다. 그는 시인들을 공격하고 있었는데, (달리 말하자면) 그들이 짓는 시보다는 그들이 공인된 역할에 따라 시를 통해 전달하는 가르침을 공격했다. 그때까지 그리스에서 시인은 교사였다. 여기에 실마리가 있었다. 그리스 문학이 시 형태였던 것은 그리스인이 살아가는 데 기준이 되는 전통을 보존하고 가르치는 사회적 기능을 시가 수행했기 때문이었다. 이것은 구술로 가르치고 암기하는 전통을 의미할 수밖에 없다. 플라톤이 비난한 것은 바로 이 교훈 기능과 그에 따른 권위였다. 플라톤 자신의 가르침으로 그것을 대치하겠다는 생각이 아니라면 무엇이 그의 동기가 될 수 있었을까? 그 차이는 무엇이었을까? 이미 언급한 것처럼 금방 알 수 있는 동기는 그 자신의 가르침이 시 형식을 띠고 있지 않다는 것이었다. 그것은 산문으로 지어져 있었다. 이것은 무의미한 우연이었을까? 아니면 시를 대체한다는 뜻인 만큼 구술성을 대체한다는 뜻이기도 했을까? 플라톤주의가 출현한 것은 산문으로 적은 긴 담화가 등장했다는 의미에서 그리스 구술성이 그리스 문자성에 자리를 내주고 구술 상태의 마음이 문자 상태의 마음으로 대치된다는 것을 알리는 신호였을까? 이렇게 대치되리라는 것을 플라톤이 비범하게 본능적으로 알아차린 것일까?

『플라톤 서설』에서는 만일 위와 같은 추론이 옳다면 그리스 알파벳의 발명이 한 가지 핵심적 역할을 수행했다는 의견을 내놓았지만, 정확히 어떻게 또는 왜 그런지는 「그리스 문자성의 서막Prologue to Greek Literacy」(해블록 1973a)에서야 다룰 수 있었다. 이 두 가지 주제는 각기 「비문자문화 부호의 문자화Transcription of the Code of a Non-Literate Culture」와 「부호의 성격과 내용The Character and

Content of the Code」에서 다루었다.* 그 이후 나는 부호code라는 용어를 당시 내가 다루고 있던 것에 적용한 것이 적절했는지 의심할 이유가 눈에 띄었다.(이 책의 7장)

그리스에서 있었던 문자화 과정에 관해 생각하면 할수록 나는 그리스 문자 체계에는 그 자체로 하나의 부류로 분류될 만한 어떤 측면이 있다는 확신이 들었다. 그 독특함으로 미루어보건대 산수의 덧셈 문제처럼 그저 모음 다섯 개를 추가한 것이 전부였을 수가 없다.† 비교적 보수적 문화 전통 안에서 자라난 내 세대의 많은 사람들과 마찬가지로 나는 구약성서에 익숙했고, 여러 형태의 이집트 지혜문학wisdom literature뿐 아니라 수메르와 바빌론과 아시리아의 소위 '문학'이라는 것에도 익숙해지기 시작한 상태였다.(당시는 이들이 쐐기문자 서판으로부터 번역된 지 얼마 되지 않은 때였다.) 문자로 옮겨 적힌 그리스 구술성의 더할 나위 없는 풍부함과 그 경쟁자들의 조심스러운 면모가 서로 뚜렷이 대비되어 보였다. 한쪽은 깊은 심리적 감정이 세밀하고도 다채롭게 드러나는 반면, 다른 한쪽은 그와는 대조적으로 어휘를 효율적으로 사용하면서 정서를 신중하게 절제하고 있는데 이는 모든 근동 및 히브리 문학 특유의 속성으로 보였다. 나는 이 비그리스 민족들의 진정한 구술성은 우리에게 전달되고 있지 않고 나아가 사실은 돌이킬 수 없이 소실됐다는 생각이 들었는데, 이들이 채용한 문자 체계가 그것을 제대로 기록하기에는 너무 불완전하기 때문이었다. 이 민족들이 무감각하거나 의식 수준이 상대적으로 낮았을 리는 없다. 「호메로스의 알파벳화The Alphabetisation of Homer」(1978b)라는 논문에서 이런 대비를 지적했는데, 논문에서 『길가메시 서사시』와 『일리아스』의 본문 중 비교가 될 만한 부분을 나란히 놓고

* 두 논문은 『그리스의 문자 혁명과 그 문화적 여파』(1982a)에 수록됐다.

† 그리스 알파벳의 조상인 페니키아 문자 체계에는 모음을 나타내는 기호가 없었다. 더 자세한 내용은 이 책의 7장 참조.

낱말 수를 셌다. 이듬해에는 「고대 기예인 구술시The Ancient Art of Oral Poetry」(1979)에서 이 비교를 확장하여 구술성이 제의화한 한 예로 힌두교의 베다문학을 다루었는데, 헤시오도스의 글에서 볼 수 있는 넓은 시야와 세부 묘사와는 대조적으로 베다문학에서는 산스크리트 문자의 한계 때문에 단순화를 추구했을 가능성이 있다. 이것은 히브리어나 쐐기문자, 산스크리트어를 다루는 학자가 환영할 가능성이 낮은 논제였다. 그러나 나는 언어학적 행동 방식과 관련된 음향을 얼마간 고려하고 또 언어학적 음향 요소를 정확하고도 효율적으로 분리해내 어린아이가 익힐 수 있는 짤막한 기호표로 정리하는 데 성공할 수 있었던 것은 그리스의 기호 덕분이었다는 사실을 추적해낸 뒤 용기를 얻어 그것을 주장할 수 있었다. 그리스 알파벳이 발명되면서 언어학적 음소를 반사적이면서도 정확하게 시각적으로 인식하는 것이 처음으로 가능해졌다. 이 분석은 『서양 문자성의 기원*Origins of Western Literacy*』(1976)에서 처음 발표됐고, 같은 논문이 『그리스의 문자 혁명과 그 문화적 여파*The Literate Revolution in Greece and Its Cultural Consequences*』(1982a)에 재수록됐다. 두 책 모두 그리스에서 의식의 성격 변화에 결정적 역할을 했음이 입증된 알파벳의 발명이 유럽 전역에서도 똑같은 영향을 주게 될 뿐 아니라, 사실은 나아가 현대에 전 세계로 퍼지고 있는 의식의 성격을 만들어내고 있는 것으로 볼 수 있다는 인식이 커져가고 있음을 반영한다. 마셜 매클루언Marshall McLuhan은 인쇄가 심리와 지력에 미친 효과를 조명한 바 있다. 나는 아예 더욱 과거로 들어가, 이 문제의 근원을 기원전 700년 무렵 일어나기 시작한 어떤 일로 거슬러올라갈 태세가 되어 있었다.

'의식에 변화를 가져온다'는 말은 삶의 피상적 차원을 넘어 그 이면까지 비판적으로 간파하게 해준다는 점에서 유용한 표현이다. 그러나 이것은 우리가 읽는 그리스 '저술가들'의 글에서 드러나는 것처럼 실제 언어학적 용법의 변화를 통해 그것이 진실임이 검증될 때까지 느슨하게 적용될 수밖에 없다. 문자로 적은 사람이 본인이든 아니든, 문자로 적힌 그들의 말 안에 구술-문자 방정식을 입증하는 증거가 있거나 없거나 둘 중 하나다.

철학적 내용의 글은 플라톤의 글까지 쳐도 그 양으로 볼 때 이 이야기에서 차지하는 부분이 상대적으로 적다. 전성기 고전 문학은 고전 시대 거장인 호메로스, 헤시오도스, 서정·합창시인, 핀다로스, 그리고 아테나이 3대 극작가*가 지은 시를 모두 합친 것이기 때문이다.

『플라톤 서설』에서는 호메로스에게 교훈적 역할이 있었음을 플라톤이 확인해주었다는 사실이 두 서사시를 이해하는 데 필수적이라는 점을 받아들여, 『일리아스』 제1권에서 장면이나 정서 묘사를 위한 전형적 표현에 등장하는 교훈적 내용의 실례를 찾아보았다. 당시 어느 비판적 평론가는 내가 『일리아스』 중 살펴본 것이 한 권뿐이고 따라서 그 내용이 나머지 23권과 관련해서는 아무것도 증명하지 못할 수도 있다는 점을 지적했다.(걸리 1964)† 내가 한 권만 살펴본 것은 호메로스의 표현 양식이 일관성을 띤다는 점을 볼 때 한 권에 확실하게 해당되는 사항은 정도는 달라도 나머지 권에도 적용될 것이라고 가정했기 때문이다. 『그리스의 정의 개념』은 『일리아스』와 『오디세이아』에서 몇 가지 이야기를 더 골라 비슷한 방향에서 분석함으로써 그 문제점을 개선하는 역할을 해주었다.(해블록 1978a, 4장) 이런 방법론을 철두철미하게 적용하면서 호메로스의 글에 대한 주석서를 쓴다면 여러 권짜리여야 할 것이다.

* 고대 그리스의 3대 비극 시인 아이스킬로스, 소포클레스, 에우리피데스를 말한다.

† 『플라톤 서설』에 대한 걸리의 서평이다. 걸리는 그리스 시인들이 본질적으로 교훈적 목적을 위해 시를 지었다는 해블록의 의견에 동의하지 않으며, 당시 그리스 시에 교훈적 기능이 있었던 것은 분명하지만 시인이 시를 짓는 동기나 제재를 처리하는 방식과는 무관하다고 본다.

밀먼 패리는 시를 지을 때 관용표현*을 활용하는 이유는 구술로 시를 짓는다는 조건 때문임을 정확히 이해했고, 그렇게 시를 짓는 방식은 즉흥 기예일 것이라고 생각했다. 이야기를 들려주는 가수는 표준화된 어구 주머니를 기억해두고 이야기에서 주어진 맥락에 맞는 어구를 골라 사용하며, 만일 그런 어구 주머니가 없다면 우리가 '무슨 말을 하면 좋을지 모르겠다'고 말할 때와 같은 상황에 처할지도 모른다는 것이다. 이야기의 전개는 창작 문제가 되겠지만, 거기 사용되는 언어는 그렇지 않았다. 그는 유고슬라비아 농부 가수들이 실제로 노래하는 방식을 모델로 삼아 이와 같은 결론을 이끌어낼 수 있었다.(A. 패리 1971)

『플라톤 서설』은 고대 그리스 서사시와 관련하여 즉흥 측면에 집중돼 있는 관심을 더 큰 차원에서 표현 양식뿐 아니라 내용에도 적용되는 기억과 회상 쪽으로 옮기고자 했는데, 이제 거기 담겨 있는 내용물은 구송시인이 불러주는 노래를 듣는 그 사회의 전통 전체이며 그것을 보존하는 것이 시인의 교훈적 목적이기 때문이었다.

『그리스의 정의 개념』에서도 과감하게 한 걸음 더 나아가, 교훈적 목적으로써 보존하려는 대상은 여느 전통이 아니라 현재 사회 즉 시인이 살고 있는 그 시대 사회를 지배하는 전통이었고, 또 우리가 가지고 있는 호메로스의 시가 기원전 700년보다 더 이전 것일 수 없는데다 그 이후의 자료까지 포함하고 있음을 입증할 수 있는 만큼, 두 가지 시 모두에서 기리고 있는 전통적 삶의 방식은 신화 속의 미케네나 다른 어떤 전설적 '원천'의 것이 아니라 공통

* 밀먼 패리는 『호메로스에 나오는 전통적 수식어*L'épithète traditionnelle dans Homère*』(1928)에서 관용표현formula을 다음과 같이 정의한다. "꼭 필요한 부분을 표현하기 위해 똑같은 운율 조건에서 규칙적으로 사용되는 표현이다. 꼭 필요한 부분이란 표현 양식으로 볼 때 없어도 되는 부분을 모두 빼고 남는 부분을 말한다."

의 언어를 쓰는 독립 항해도시 공동체인 이오니아의 것이었다고 주장했다. 미케네는 그 시대의 특정 제도와 태도에 지위와 위엄을 부여하기 위해 이야기에 갖춰 입혀야 했던 옷으로서, 아서 왕 전설이 영국 문학에서 맡고 있는 것과 비슷한 역할을 했다.(해블록 1978a, 5장) 플라톤이 문제가 있다고 본 부분은 바로 그의 시대에도 여전히 사회를 지배하던 가치와 태도를 그렇게 강조하고 있다는 점이었다.

이 관점이 호메로스의 '연대' 판정에 미칠 수 있는 여파에 대해서는 앞서 언급한 논문 「호메로스의 알파벳화」에서 더 깊이 다루었다. 호메로스 시의 최종적 완성과 관련된 후대의 전승이 기원전 5세기 말에 이르러 이미 알려져 있었던 것으로 보이나 지금은 호메로스 문제 연구자들에게 대체로 무시당하고 있는데(그러나 골드 1960, 272~291쪽, 그리고 데이비슨 1962 참조), 이 논문에서는 이 전승을 되살려야 한다고 제안했다. 키케로가 전하는 이 전승의 완전한 형태에서는 페이시스트라토스가 다스리던 기원전 6세기 동안 두 서사시의 제재가 모종의 방식으로 통합되어 오늘날 우리가 가지고 있는 형태로 완성됐으며, 이 과정(또는 사건)이 일어난 곳은 아테나이였다고 주장한다. 나는 알파벳화 과정은 느렸고(여타 근거로 볼 때 타당한 관점이다), 두 서사시는 파피루스 조각에 기록됐으며, 지금 우리가 알고 있는 형태로 구성되기까지 귀뿐 아니라 눈도 사용됐다는 결론을 내렸다.

이 판단은 그때까지 내가 견지하고 있던 전제를 수정한 결과물이었다. 그 전제는 『플라톤 서설』에서 강한 존재감을 나타내고 있는데, 두 서사시가 문자로 기록되기는 했지만(안 그랬다면 오늘날 남아 있지 않을 테니까) 원시 구술성의 산물이라는 것이었다. 즉, 글이라는 형태로 존재하고 있는 두 서사시는 표현 양식뿐 아니라 내용까지 지배하고 있던 순수한 음향적 작시 법칙을 충실하게 재현한 것이라는 말이다. 이는 확고한 구술주의 학자들(밀먼 패리, 앨버트 로드Albert Lord, 제프리 커크)이—교훈적 목적까지 다룰 생각이 있었든 없었든 상관없이—늘 주장해온 것이다. 애덤 패리Adam Parry(1966)는 사실상 이 입장의 변형판을 제안했지만, 자신의 관점을 더 확장시키지 못하고 이른 나이에 죽었다. 나는 작시에 관한 실마리는 그보다 더 복잡할지도 모른다는 생각이 들었다.(이 책의 10장 참조)

그때까지 지니고 있던 단순한 관점을 그렇게 수정할 필요가 있다는 점은 『일리아스』에서 곁가지로 다루는 이야기 두 가지를 짚어본 에세이 「호메로스의 정교화The Sophistication of Homer」(1973b)에서 예견돼 있었다. 각 이야기와 관련된 인물들은 서로 밀접하게 관련되어 있지만 24권 전체에 걸쳐 뿔뿔이 흩어져 있다. 두 곁가지 이야기 중 하나는 '올림포스에 관한 희극' 묘사이다. 이에 관해 나는 다음과 같이 썼다. "풍자를 아끼지 않는 시선으로 인물들을 선명하게 그려내고 상황을 사실적이고 정확하게 묘사한다. 호메로스는 집안의 복잡한 가족 관계를 들여다보면서 그것들을 확고하고도 재빠른 붓질로 그려넣는다. 그 전체적 효과는 일관성을 띠면서도 희극적이다." 또 한 이야기에서는 '헬레네의 마음'을 드러내는데 이에 대해 나는 이렇게 썼다. "헬레네와 헥토르, 파리스, 프리아모스는 뿔뿔이 흩어져 있는 이 세 가지 맥락에서만 서로 연관이 있는 것으로 나타난다. 그러나 이들 맥락은 조화를 이룰 뿐 아니라 서로 매우 유기적으로 보완해주고 있다. 이들이 처음 등장할 때 시인은 이들을 헥토르와 파리스, 프리아모스와 헬레네, 헬레네와 파리스라는 서로 겹치는 세 쌍으로 정리한다. 제6권에서 이 관계를 추적하며 헥토르, 파리스, 헬레네를 3인조로 엮는다. 제24권에서 헬레네가 과거를 돌아보며 마지막으로 하는 말 안에서 마침내 이들 넷이 모두 하나로 어우러진다. 이야기의 곁가지를 가지고 이처럼 치밀하게 구성할 수 있으려면 도대체 어떤 비범한 능력이 필요했을까?"(해블록 1973b, 267, 275쪽)

이제 나는 우리가 현재 알고 있는 모양대로의 두 서사시는 구술과 문자가 서로 모종의 방식으로 맞물린 결과물이라는 것을 받아들여야만 위와 같은 종류의 질문에 대답할 수 있다는 결론을 내린다. 달리 비유하자면, 두 서사시는 귀의 관심을 끌도록 운율로 만든 언어의 음향적 흐름이 눈의 꼼꼼한 주의력에 의해 만들어지는 시각적 도형 안으로 다시 섞여 들어간 결과물이다.

헤시오도스로 돌아가, 『플라톤 서설』에서는 뮤즈들의 혈통과 현재 하는 일에 관해 이 시인이 들려주는 설명을 탐구하고, 그의 설명은 호메로스의 시를 비롯한 구술시의 목적은 사회와 도시의 전통과 정치를 기록한 기억을 만드는 것이라는 관점을 강하게 뒷받침하고 있다는 결론을 내렸다.(해블록 1963, 9장) 이런 구술 행위의 심리와 그것이 완수하는 기억 목적은 『그리스의 정의 개념』에서 다시금 조명했는데, 문자로 기록된 그리스 문학에서 노래와 춤과 가락에 중심적 역할이 부여됐다는 점을 바탕으로 삼았다.(해블록 1978a, 3장)

그렇기는 하지만 헤시오도스의 글은 확실히 글이어서 그 구성을 보아도 읽는 눈을 활용했음이 드러나지만, 그의 글은 호메로스의 경우보다 (재미가 덜하기는 해도) 더 정교한 목적을 위해 동원됐다. 읽은 대상은 바로 호메로스였다.(이 호메로스가 꼭 완성된 형태의 서사시였다고는 할 수 없다.) 헤시오도스는 호메로스를 읽고 되훑어보면서 그의 시를 재구성하지 않을 수 없었고, 그럼으로써 새로운 유형의 담화를 내놓았는데 그것은 바로 '원시문자성' 유형이었다. 『그리스의 정의 개념』에서는 헤시오도스가 '정의'(디케 δίκη)에 관해 쓴 시수필을 세밀하게 들여다봄으로써 이 논제를 검증했다. 이것은 이 시인이 쓴 『일과 날』에서 중요한 이야기에 해당한다. 이것이 중요한 이유는 사용된 언어가 들쭉날쭉하고, 따라서 호메로스적 맥락 중 그가 다루고 있는 주제와 어느 정도 연관성이 있는 기억들을 가져와 하나로 엮은 결과물이라고 볼 수 있기 때문이다. 이때의 연관성은 단순히 구술을 회상하는 것이 아니라 이전에 호메로스의 글을 읽었다는 것이 전제될 필요가 있는 종류의 연관성이다.(해블록 1978a, 11, 12장)

똑같은 방법론을 그전에도 적용한 적이 있는데, 헤시오도스의 정의 부분과 짝을 이루는 이야기로서 그가 같은 작품을 소개할 때 사용한 '불화'(에리스ἔρις)를 주제로 하는 부분의 희한한 구성을 설명하기 위해서였다.(해블록 1966b)

플라톤이 시를 비판할 때 서사시와 아울러 비극을 똑같이 공격 목표로 삼은 만큼, 이제 구술과 문자 사이의 경쟁이 일어나는 각축장이 됐을 수 있는 아테나이의 희곡을 들여다보는 것이 논리적일 것이다.

고대의 연극 중 『테바이를 공격한 일곱 장수』가 분석을 위한 좋은 주제가 됐는데, 특히 이 연극이 초연되고 62년 뒤 아리스토파네스의 희극* 안에서 비판 대상으로 재등장했기 때문이다. 이때는 아테나이의 구술성이 아테나이의 문자성에게 자리를 내주고 있었다고 추측할 수 있는 바로 그 시기였다. 「그리스 희곡의 구술 작법The Oral Composition of Greek Drama」(1980)에서는 희곡을 짓는 방식은 구술의 역할 중 사회적으로 유용하다고 생각되는 내용을 암기하는 데 도움이 되는 방식을 따랐다는 증거를 비극의 본문으로부터 끌어냈다.

구술 방식과 교훈적 목적이라는 두 가지 특성 모두 아리스토파네스의 희극적 비판에서 다시 등장하는데, 그는 대비를 통해 에우리피데스의 비극을 딱딱하다며 조롱하기까지 한다.

『테바이를 공격한 일곱 장수』로부터 9년 뒤 공연된 『오레스테이아』의 본문은 정의를 나타내는 여러 기호를 어떻게 다루었는지를 알아내기 위해 이미 세밀하게 살펴본 바 있었다.(해블록

* 『개구리』이다. 아이스킬로스의 『테바이를 공격한 일곱 장수』는 기원전 467년 초연됐고, 아리스토파네스의 『개구리』는 기원전 405년 무대에 올랐다.

1978a, 280~295쪽) 언어학적 행동 방식으로 볼 때 이 기호들은 모순에 가까울 정도로 중첩되는 의미를 포괄하고 있으며, 이것은 시종일관 명확한 문자성의 개념론과는 반대로 상황에 따라 그때그때 달라지는 구술성의 경험론을 반영한다고 볼 수 있다는 결론을 내렸다. "우리가 생각하고 있는 정의는 플라톤의 정의가 아니라 여전히 헤시오도스의 정의이다."(295쪽)

아이스킬로스의 뒤를 이은 사람들은 어땠을까? 호메로스의 지배로부터 해방된 완전한 문자성 작가였을까? 이것을 검증하기 위해 『오이디푸스 왕』을 고른 것은 현대의 문학 기준으로 볼 때 정교한 구성을 지닌 뛰어난 희곡이기 때문이었다. 이처럼 희곡의 수준에는 반박의 여지가 없다는 점을 십분 고려할 때, 구술로 암기할 수 있도록 교훈적으로 지어야 한다는 압력이 계속되고 있다는 증거를 같은 본문으로부터 얻는다.(해블록 1981)

그리스 희곡을 다룬 이 두 논문은 모두 현재의 전통을 보존하는 데 합창이 결정적으로 중요한 역할을 맡고 있으며, 노래와 춤과 가락의 구술성을 통해 전달된다는 점에 주목했다. 여기에는 시민다운 행동, 용인되는 태도, 일상생활에 녹아든 제의적 행위 등 예의범절이 들어 있어 자꾸자꾸 재연되고 장려됐다. 이런 교훈은 등장인물이 줄거리를 연기해나가는 동안 대화와 수사를 통해 은연중 전달된다. 앞서 호메로스 서사의 특징으로서 주목한 전형적 부분들이 그리스 희곡 안에 계속 살아 있는 것이다.

하지만 이야기의 줄거리를 만들어내는 창의력과 아울러 무대 위 대화에서 심리적 통찰력이 점점 더 깊이 표현되고 있다는 점으로 볼 때 구술성의 영향력이 쇠퇴하고 있다는 것을 알 수 있다. 말을 문자로 적는 기술을 위한 기초가 마련되어 새로운 유형의 통사법 안에서 그 형태를 잡아가고 있었다. 이제 플라톤이 서사시와 희곡이라는 전통적 언어를 개조하고 이론적 분석 언어로 대체할 것을 요구하려는 참이었다.(해블록 1978a, 330~334쪽)

그리스에서 작용한 구술-문자 방정식과 관련하여 내가 이제까지 출간한 내용 중에는 빠진 부분이 몇 군데 있다. 핀다로스가 빠졌고, 초기의 여러 서정시인도, 에우리피데스도 없다. 또 산문을 다루는 방법 측면에서 플라톤식 담화의 경쟁자가 되거나 적어도 대안이 되었을 것이 분명한 역사학자들도 그렇다. 아리스토텔레스에서 이야기의 끝에 다다른 것도 아니고, 실제로 거기서 이야기가 끝나는지도 불분명하다. 약속된 '전체 그림'이 완성되려면 이처럼 빠뜨린 부분을 채워야 할 것이다.

여기까지 이야기는 그리스에 관한 것이었으며, 이 책은 대체로 그 범위를 벗어나지 않을 것이 분명하다. 그 주인공은 그리스의 뮤즈이며 그 현대적 후예는 주인공이 아니다. 뮤즈는 호메로스와 아리스토텔레스를 가르는 3세기 반이라는 세월 동안 지중해에서 살면서 구술-문자 방정식에 관여하게 된 소수 민중의 목소리이다. 하지만 독자는 뮤즈가 소개되고(이 책의 2장) 나면 관심이 한동안(3~7장) 고전 시대를 벗어나 뮤즈와 직접 연관되어 있을 것 같지 않은 현대 학자와 비평가의 연구로 옮겨 가는 것을 보게 될 것이다.

사실 구술-문자 방정식은 더이상 그리스만의 방정식이 아니게 됐다. 이 방정식은 현대 세계에서 지금도 작용하고 있는 조건으로서 인류학, 사회학, 비교문학 등 다양한 학문 분야의 관심을 끌었다. 최근까지 비문자문화로 남은 사회 안에 살아남아 있는 구술성을 탐구하는 작업이 이루어졌으나, 이제 이것이 현대 '필자들'이 지어내는 문학적 글 이면에서 계속 존재하고 있는 구술성에 주목하는 연구로 바뀌었다. 오늘날의 이론에서는 구술성과 '본문성'*을 서로 대립적으로 보이는 관계로 나란히 놓기까지 한다.

* 오늘날 본문성textuality이라는 용어에는 여러 가지 의미가 있지만, 여기서는 어떤 글이 있을 때 그 글이 지니는 모든 속성을 말한다. 글을 구성하는 낱말과 순서뿐 아니라 전달하려는 내용과 그 잠재적 해석까지 포함된다.

나는 자크 데리다Jacques Derrida의 『그라마톨로지에 대하여*De La Grammatologie*』(1967)를 읽고 구술-문자 문제는 장자크 루소로부터 현대 유럽의 의식 속으로 들어왔다는 것을 깨달았다. 그가 말하는 '고귀한 야만인'은 근본적으로 구술 사용자로 상상됐으며, 입으로 하는 말과 문자로 적힌 글에 관해 지금 기술되고 있는 내용 속에 여전히 매우 생생하게 살아 있다.

그리스 이야기의 완전한 해석은 고전학 영역 바깥인 비교문학 분야에서 추구하고 있는 좀더 넓은 해석의 한 부분이 된다. 이는 잭 구디Jack Goody가 펴낸 『야생 정신 길들이기*Domestication of the Savage Mind*』(1977)에서 보듯 인류학 분야에서도 마찬가지인 것으로 보인다. 구디의 독창적 연구는 그리스의 문자성은 소통 수단뿐 아니라 그리스의 의식까지 바꿔놓았다는 나의 확신을 간접적으로 뒷받침해주었다.

그리스 이야기는 완결된 이야기이지만, 그럼에도 거기서 전하는 고대에 일어난 소통의 고비는 그와 비슷해 보이는 현대의 고비와 비교할 때 한층 큰 차원을 띤다. 일단 둘 사이의 관계를 확립하고 나면 둘은 서로를 조명해주는 역할을 한다.

몇몇 학자는 토론토대학에서 나와 마셜 매클루언(이 책의 3장 참조), 그리고 매클루언의 스승 해럴드 이니스Harold Innis(이 책의 6장) 등 세 사람을 통해 그런 관계가 확립됐다고 보았다. 심지어 내가 이 두 캐나다인 사상가들이 만든 '토론토 학파'의 일원이라는 말까지 들은 적이 있다. 사실은 그 반대일 가능성이 높다. 나는 밀먼 패리의 연구를 접한 뒤, 또 마르틴 닐손Martin Nilsson의 『호메로스와 미케네*Homer and Mycenae*』(1933, 내게 이 책은 여전히 이 주제에 관한 고전이다)를 읽고 길잡이로 삼아, 그리고 앞서 언급한 소크라테스 전 철학자들을 연구하며 얻은 직관을 따라 토론토대학에서 구술을 주제로 두세 차례 공개 강연을 맡은 기억이 있는데, 자신의 분야에서 비슷한 방향으로 생각을 전개하고 있던 이니스가 그 강연을 듣지 않았을까 싶다.(해블록 1982b) 내가 토론토를 떠나 하버드로 옮겨 간 뒤 그와 주고받은 연락을 근거로 이렇게 추론하게 됐다. 그의 영향이 매클루언에게 전달됐고, 결국 매클루언의 선구적인 책 『구텐베르크 은하계*The Gutenberg Galaxy*』가 내가 쓴 『플라톤 서설』과 같은 시기에 나왔다. 매클루언은 이 두 책이 서로 암묵적 동반 관계에 있다는 것을 곧장 알아보았고, 이후 그것을 계속 아낌없이 인정해주었기에 나는 늘 감사한 마음을 잊지 않을 것이다.

그리스어와 라틴어에 담겨 있는 내용이 무엇일까 생각할 수 있게 되기에 앞서 두 언어에 통달하기 위해 쏟아야 하는 정신적 노력을 생각할 때, 낯선 신들을 추적하는 고전학자가 자신의 주제와 동떨어진 바깥 분야에 주목하여 거기서 뭔가 관련이 있는 내용을 다루는 사람이 있는지 찾아볼 가능성은 낮다. 나는 월터 J. 옹의 『구술문화와 문자문화』(1982)를 읽고서야 지난 20년 동안 이 주제에 관해 나온 학문적 연구와 고찰이 얼마나 많은지 완전히 인식하게 됐다. 관련된 연구 다섯 편(그중 한 편은 내가 쓴 것이다)이 나온 시기가 1962~63년으로서 우연히도 겹친다는 점과 그 사실이 지니는 의미에 관해서는 이 책의 3장에서 다루었다.

독자는 내가 오랜 기간에 걸쳐 다양한 결론을 취합하면서 얼마나 느리게 이 책을 완성했는지 알 수 있을 것이다. 생각건대 나는 때때로 학생들에게 그 내용을 먼저 가르친 다음 원고로 옮기고 있었던 것 같고, 그래서 토론토와 하버드와 예일에서 생각이 제각기 다른 학생들이 내 강의를 기꺼이 들어주었다는 사실을 늘 고맙게 기억할 것이다. 전통적 방향의 고전학 맥락에서 보면 이런 결론은 아마도 수정주의적이고 논쟁적일 뿐 아니라 일부 사람에게는 불쾌해 보이기까지 할 것이다. 여기에는 몇 가지 자연스러운 이유가 있다. 주로 전통적인 이유이지만, 나로서는 그 이유를 잠깐 살펴보는 것이 좋겠다고 판단하여 이 책의 11장에서 다루었다.

83세라는 나이에 이 책을 마무리하고 있는 내가 지금까지도 조심하는 마음이 들고 망설여질 정도의 이유였다. 평론가들이 그 결론을 두고 말한 몇 가지 내용으로 판단하건대, 나아가 무시해도 된다는 많은 학자들의 희망이 뚜렷이 나타나는 것으로 볼 때 조심할 만한 이유가 있다는 것은 확실했다. 그 결론이 환영받은 곳 한 군데는 호메로스 문제의 역사를 훌륭하게 풀어낸 애덤 패리의 글로서, 그가 때 이르게 사망한 그해에 자기 아버지의 저작물 전집(A. 패리 1971)을 엮어내며 붙인 머리말이다. 이 자리에서 그와 그가 쓴 글을 기억함이 마땅하다.

2 뮤즈를 소개하다

유럽 문학사는 호메로스와 헤시오도스의 시로 시작한다. 문자로 적힌 형태의 '호메로스'는 기원전 7세기 초에 부분적으로 모습을 드러냈을 것이다. 이렇게 넓게 잡은 연대조차도 검증된 것이 아니다. 현존하는 어떤 자료로도 확인할 수 없기 때문이다. 이것은 두 사람의 시가 적혀 있는 그리스 알파벳이 발명됐을 것으로 추정되는 시기를 바탕으로 추론한 연대이다. 그 이후의 전승을 믿을 수 있다면 이 시들은 기원전 6세기 중반까지도 오늘날 전해지는 것과 같은 최종적 형태를 갖추지 않았다.

문자로 적힌 것들 중 이 두 시의 선행 단계에 해당하는 것은 없다. 베르길리우스, 단테, 밀턴에게는 그 선조에 해당하는 것들이 있었다. 이들은 서사시라는 좁은 전통은 아니지만 전반적인 문학 전통에 속한다. 이들은 비범하기는 하지만 독자적이지도, 독특하지도, 독보적이지도 않다. 그러나 『일리아스』와 『오디세이아』에게는—헤시오도스의 『신들의 계보』와 『일과 날』도 빠뜨릴 수 없다—선조도 전통도 없다.

그러나 어쨌든 이 시들은 먼저 양피지(확률은 낮지만 가능) 또는 파피루스 낱장을 원고지 삼아 '쓰였거나' 구술로 지어진 다음 '문자화'됐고(학자들은 지금도 그 '창작 행위'를 어떻게 묘사하는 것이 맞는지를 두고 논쟁을 벌이고 있다), 낱장을 이어붙여

막대기나 원통에다 두루마리로 감아두었으며, 애써 손으로 한 장 한 장 베끼면서 여러 세기를 내려오다가, 마침내 구텐베르크 이후 인쇄라는 든든한 기술과 만났다. 글이 전해지는 역사적 과정이 이와 같은 만큼, '저작자'들은 '필자'일 수밖에 없으며 현대적 용어가 지니고 있는 완전한 의미 그대로의 '문학' 작품으로서 이 시들을 지었다는 확신을 갖게 된 학자가 그토록 많다고 해서 무엇이 그리 놀라울까.

그러면 '저작자'는? 작품 자체로부터 거기 관련된 인물들에 대한 실마리를 얻어낼 수 있을까? 일류 시인인 만큼 이들에게는 동료와 스승과 모델과 소재를 얻는 원천이 있었을 것이 분명하다. 우리는 알지 못한다. 심지어 '호메로스'와 '헤시오도스'라는 이름조차도 안개에 싸여 있다. 그중 '헤시오도스'라는 이름은 이 네 가지 시 중 하나에서 3인칭으로 한 번 나타난다. "한번은 헤시오도스가 거룩한 헬리콘 산 밑에서 양떼를 돌보고 있을 때 [뮤즈들이] 그에게 영광스러운 노래를 가르쳤다네."* 그다음 육보격† 에서는 1인칭이 나온다. "여신들은 무엇보다도 먼저 다음과 같은 말을 나에게 들려주었다네." '헤시오도스'와 '나'를 같다고 보

*『신들의 계보』 22~23번째 줄. 그다음 인용된 육보격은 24번째 줄이다.

† 고대 그리스 서사시에서는 음절의 장단을 이용하여 운율을 이끌어내며, 장음절(♩)-단음절(♪)-단음절(♪)이라는 3음절을 기본 1보(걸음)로 삼는다. 육보격hexameter은 그리스 서사시의 기본이 되는 운율 형식으로, 시 한 줄이 6보로 이루어진다는 뜻이다. 일반적으로 한 줄의 첫 5보는 3음절(장-단-단)씩이고 마지막 제6보는 2음절(장-단 또는 장-장)이다. 그러나 엄격하게 지켜지는 규칙은 아니어서, 단음절 둘(♪♪)이 들어가는 자리에 장음절 하나(♩)를 쓰는 경우도 많다. 호메로스 시에서 낱말과 보가 꼭 일치하지는 않는다. 예컨대『일리아스』첫 줄에서 제1보는 둘째 낱말의 첫음절까지 넘어가고, 제2보는 둘째 낱말의 둘째 음절에서 시작하여 셋째 낱말의 첫음절까지 넘어간다. 『일리아스』의 첫줄 "메닌 아에이데 테아 펠레이아데오 아킬레오스μῆνιν ἄειδε θεὰ Πηληϊάδεω Ἀχιλῆος(분노를 노래하소서, 여신이여, 펠레우스의 아들 아킬레우스의)"를 육보격에 따라 읽으면 '메-니나/에(이)-데테/아-펠-/레-이아/데(오)-아킬/레-오(스)'가 되고, 강세는 자연스레 각 보의 첫음절에 들어간다.

아야 할까? 둘은 같은 인물일까? 확실히 알아내기란 불가능하다. 어쩌면 이 이름을 언급한 것은 저작자가 누구인지 표시하려는 일종의 서명일 수도 있다. 호메로스는 (호메로스가 한 사람이든 여러 사람이든) 한 번도 자신을 밝히지 않는다. 『일리아스』와 『오디세이아』 모두 뮤즈를 지은이로 내세우며, 뮤즈에게 『일리아스』를 '노래하고' 『오디세이아』를 '읊도록' 요청한다. '헤시오도스'는 더 명확하게 '노래'를('내 노래'가 아니다) '그들이 가르친' 것으로 묘사한다.

정체가 누구든 나중에 호메로스라 불린 저작자는 뮤즈에게 요청의 뜻을 전할 때 명령형을 사용한다. 그러므로 그는 거기 있기는 하지만 저작자가 아니라 공연자로서 있는 것이다. 그는 자신이 읊는 시구가 자신의 것이 아니라 마치 외부의 어떤 원천으로부터 가져온 것인 양 그 원천과 청중을 이어주는 역할을 한다. 그는 그 원천을 '뮤즈'라 불렀으며, 또 '헤시오도스'가 알려주는 바에 따르면 뮤즈는 사실 어머니인 '기억'(므네모시네Μνημοσύνη)이 낳은 아홉 자매로 이루어져 있고(합창단?), 아버지가 제우스이므로 올림포스의 특권을 부여받은 존재다. 이것이 이 네 편의 시가 원래 어떻게 지어졌는지를 알 수 있는 실마리—첫 실마리—임이 분명하다. 가수로서든 뮤즈(들)로서든 '쓰기'나 '읽기'에 관한 관심은 네 편의 시 중 어느 곳에도 나타나 있지 않다. 뮤즈들의 이름과 혈통을 서술하는 시 『신들의 계보』는 세 부분에 걸쳐 아홉 명 모두에게 바치는 기다란 찬가로 시작하며, 그들이 하는 일과 만들어내는 것들을 기린다. 그들이 지어내는 언어는 그들이 춤과 함께 공연하는 낭송이나 노래 등 여러 형태의 구술로써 반복적으로 묘사되어 공간 저편에서 듣고 있는 청중에게 음향으로 전달된다.

> 그들은 헬리콘 산꼭대기에서 곱고 아름답게 춤추며 활발하게 발을 움직인다네. 그러고 밤이면 안개 짙은 가운데

일어나 밖으로 나가 아름다운 목소리로 노래한다네. (…)

그들의 입술에서 감미로운 소리가 끊임없이 흘러나와, 눈 덮인 올림포스 산봉우리들과 신들의 거처에 여신들의 백합 같은 목소리가 울려퍼지자 뇌신 아버지 제우스 집안이 기뻐했다네. (…)

그리고 그들은 감미로운 목소리로 즐거이 천상의 노래를 부르며 올림포스로 갔으니, 그들이 읊는 노래는 어둠 깔린 그 주위 땅에 울려퍼졌다네. (…)

[『신들의 계보』, 7~14, 39~43, 68~70번째 줄; 로브 영역판]

그로부터 두 세기가 지나자 시대는 달라져 있었다. 도자기에 묘사된 뮤즈 (또는 뮤즈들) 자신은 여전히 노래하고 있으나, 또는 적어도 읊고 있으나, 실제로 일어나고 있는 일은 훨씬 더 복잡하다. 희비극을 통틀어 우리가 가지고 있는 그리스 연극 본문에는 한 가지 중요한 역사적 사실을 가리키는 실마리가 많이 담겨 있다. 그것은 한편에서는 노래하고 읊고 암기하는 행위(편의를 위해 이들 문화 조합을 구술성이라 부를 수 있다)가, 또 한편에서는 읽고 쓰는 행위(문서화된 문자문화의 습성)가 서로 경쟁하며 충돌하고 있었다는 것이다. 후자가 자동적으로 전자를 대체하고 있었던 것이 아니다. 이 둘 사이에 일어난 일은 그보다 더 미묘했다. 수많은 사례가 있지만, 그중 기원전 428년 에우리피데스가 무대에 올린 연극 하나만 살펴보자. 그가 지은 『히폴리토스』의 줄거리는 죽은 아내가 의붓아들에게 (거짓) 죄를 뒤집어씌우려고 남긴 글을 중심으로 돌아간다. 이 글이 적힌 서판이 시신의 가슴 위에 놓여 있어 극적 효과를 높인다. 집으로 돌아온 남편이 아내의 죽음을 알고 서판의 봉인을 푼 다음 무대 위에서 소리 내 읽는다. 이 무렵 극장 관중은 여자가 글을 쓸 줄 알고 남자가 글을 읽을 줄 아는 상황을 정상이라고 받아들일 수 있었을 것이다. 그러나 그는 서판을 읽으면서 문득 이렇게 소리친다. "서판이 소리 지르고 목놓아 울부짖는구나. 보아라, 여기 적힌 글자들(엔 그라파이스 ἐν γραφαῖς)에서 내가 본 것을 보아라—노래가 소리 높여 말을 하는구나!"(877~880번째 줄)

논리적으로 볼 때 전하는 내용이 소리 내 부르는 노래나 시구라면 눈에 보이지 않는다. 반대로 문자로 적힌 문서라면 그것은 사람에게 노래를 들려주지 못한다. 그러나 이 대사에는 이쪽이 아니면 저쪽이라는 논리가 적용되지 않는다. 이 대사는 본질적으로 충돌과 대립에 해당하는 문화적 변천 과정이 들여다보이는 창을 열어준다. 노래하고 읊고 암기하는 역할을 맡은 구술성의 뮤즈가 읽고 쓰기를 배우고 있고, 그러는 한편으로 노래를 계속하고 있는 것이다.(이 '역설'에 관해서는 시걸 1986, 219쪽 참조. 그는 적절하게도 녹스 1968을 인용한다.)

나아가 문자로 적은 말로 소통하는 이 신기술은 여전히 약간은 꺼림칙한 데가 있다. 이것은 새로 등장한 기술이다. 거짓으로 적힌 내용이 있어도 이제 증인의 구술을 검증하여 진실을 받아내는 전통적 구술 증언으로는 거기 맞설 수가 없다. 연극에서 고발의 피해자인 아들 히폴리토스는 이 점을 격렬하게 따진다. 그는 입으로 하는 말보다 문자로 적힌 말을 선호한다며 아버지를 맹렬하게 책망한다.(같은 원칙이 중세기 영국에 살아남아 있었던 사례를 보려면 클랜치 1979, 211쪽 참조) 물론 히폴리토스 자신의 말도 거기 포함된다. 범인으로부터 받아낼 수도 있었을 결정적으로 중요한 구술 증언은 이제 받아낼 수 없다. 자살함으로써 그 증언을 절대로 받아낼 수 없도록 만들었기 때문이다.(972번째 줄) 에우리피데스의 대사는 자기 사회와 자기 시대의 복잡한 사조—구술-문자 사조—가 요구하는 노선을 충실히 지킨다.

그리스에서 일어난 '문자 혁명'(해블록 1982a)이라는 것은 허공에서 끄집어낸 또하나의 작위적 개념이 아니다. 그것은 방금 설명한 예에서 보는 것처럼 호메로스로부터 아리스토텔레스에 이르기까지 고전 그리스 문학 수천 구절 안에 숨어 있는 의미를 찾아내 설명하는 이론이다. 그것은 찰스 시걸Charles Segal이 말한 대로 고전기 이후 두 번 다시 재현된 적 없는 전성기 고전 시대 그리스어 어휘와 통사법의 희한한 '역동성'을 설명해준다. 그것은 그리스에서 철학이 발명된 것을 설명해준다. 혁명이라는 낱말이 편리하고 멋있기는 하지만, 한 가지 소통 수단이 명료하게 다른 것으로 대체됐다는 뜻으로 쓰인다면 오해를 불러일으킬 수 있다. 뮤즈는 결코 그리스의 버림받은 여신이 되지 않았다. 뮤즈는 노래 부르기를 계속하는 가운데 읽고 쓰기를 배웠다. 이 이후의 지면에서는 이것이 어떻게 일어났는지를 설명하고자 한다.

그러나 뮤즈를 무대 한가운데에 올려놓기 전에 무대 가장자리에서 이제까지 벌어지고 있었던 일에 먼저 눈길을 돌리는 것이 좋겠다. 그리스인과 관련된 구술성–문자성 문제는 좁은 범위의 기술적 문제가 아니다. 문제가 제기되는 범위는 고전 시대의 영역을 넘어 더 커지고 있는데, 이 문제가 비교문학에서부터 문화인류학, 나아가 성서 연구에 이르기까지 현대의 여러 분야에서 연구 주제가 됐기 때문이다. 어떤 힘이 작용하면서 이것을 의식적으로 인식 가능한 수준으로 밀어올려, 한편으로는 필자와 독자로서 또 한편으로는 공연자와 청자로서 우리 자신을 돌아보지 않을 수 없게 만들고 있는 것으로 보인다. 이것은 여러 가지 새로운 소통 기술로 인해 우리에게 되살아나고 있는 역할이자 우리에게 떠맡겨지고 있다고까지 말할 수 있는 역할이다. 그리스 이야기로 넘어가기 전에 이 이야기가 대두되고 있는 현대적 맥락을 살펴보는 것이 좋겠다.

3 현대에 발견되는 구술성

지난 25년 동안 연구 주제로 등장한 '구술성 문제'는 여러 관점에서 다루어졌다. 우선 역사 측면에서, 구술 소통 수단을 버리고 다양한 종류의 문자 수단을 받아들인다는 것은 과거의 사회와 그 문화에 무슨 의미였을까? 현 시대 측면에서, 오늘날 (또는 지난날) 입으로 하는 말과 문자로 적는 글은 서로 정확히 어떤 관계일까? 언어학 측면에서, 구두 언어가 문자로 적힌 인공물이 될 때 그 구조에는 어떤 일이 일어날까? 무슨 일이 일어나기는 할까? 여기서 출발하여 철학 (또는 심리학) 측면으로 넘어가 이렇게 질문할 수 있다. 구술 소통은 문자적 마음 상태와는 완전히 다른 유형의 의식인 구술적 마음 상태의 도구일까?

이처럼 다양한 측면 전반에 걸쳐 중요한 논점 하나가 지난 20년 동안 서양 지식공동체 내에서 놀라울 정도로 갑자기, 놀라울 정도로 강렬하게 불거져나왔다. 1963년은 편리한 분수령이 되는 시점이다. 또는 현대적 의식 속에 있던 둑이 터지고 거기 연관된 수많은 사실을 문득 인식하는 사태가 쏟아져나오게 된 때라고 하는 쪽이 어쩌면 더 나을 것이다. 물론 문자로 적힌 말에 상대되는 입으로 하는 말의 역할을 어느 정도 알아차린 것은 18세기로 거슬러올라가고, 더 근래에는 현장 인류학자들이 '원시' 사회(문자문화가 아닌 사회라는 뜻)에 대해 방대한 연구 결과를 내놓으면서 인간 소통에서 원시 구술성이라는 범주가 필요하다는 점이 간접적으로 지적됐다. 그러나 이런 생각은 1963년 이후에야 확고한 개념 형태를 띠었다. 이 개념이 명확히 정의된 월터 J. 옹의 책『구술문화와 문자문화』(1982)에는 18세기부터 현재까지 이 분야에서 이루어진 연구와 고찰의 역사를 망라하는 참고문헌 목록이 첨부돼 있다. 수록된 저자와 논문 목록은 1963년을 기준으로 그후에 쓴 저자와 그전에 쓴 저자로 편리하게 구분할 수 있다. 이 문제와의 연관성이 그리 깊지 않은 저자들을 제외하면 후자에 속하는 저자는 136명이고 전자는 25명이다. 이제 기억에서 사라져 누락된 그 이전 시기 논문이 있다손 치더라도 양측의 차이는 놀랍다.

1963년 또는 그 언저리에 어떤 일이 있었기에 이처럼 관심이 갑자기 폭발적으로 늘어났을까? 실제로 학문과 지식 분야에서 사건이 일어났다. 정확히 말하자면 다섯 개의 사건이 동시에 발생했다고 해야 할 것이다. 당시에는 눈에 띄지 않았지만 오늘날 돌이켜보면 구술 문제를 천천히 깨닫는 과정에서 하나의 고비가 있었음을 보여주는 사건들이다.

1962년 어느 때부터 1963년 봄까지 12개월 또는 그보다 짧은 기간에, 집필하는 동안 서로 어떤 연관성이 있다는 것을 알아차리기가 불가능했던 저자 다섯 명의 논문이 프랑스, 영국, 미국 세 나라에서 출판됐다. 문제의 다섯 논문은『야생의 사고*La Pensée Sauvage*』(레비스트로스),「문자성의 여파The Consequences of Literacy」(구디·와트, 장편 논문),『구텐베르크 은하계』(매클루언),『동물 종과 진화*Animal Species and Evolution*』(마이어), 그리고『플라톤 서설』(해블록)이다.

제목만으로는 서로 연관성이 있다기보다 다양해 보인다. 그렇지만 지금 돌이켜보면 다섯 논문 모두 인류 문화사에서 구술성의 역할과 문자성과의 관계를 부지불식간에 조명해주고 있다고 볼 수 있다.

에른스트 마이어Ernst Mayr의 책이 여기 포함된 것이 뜻밖인 사람이 많을 것이다. 그의 책은 오늘날 정교하게 보완된 형태의 다윈 진화론을 분석, 조사하고 요약하는 내용이다. 이 책은 해당 분야의 고전이 됐다. 인류 문화를 생물학적 진화의 부록으로만 다룬 이 책에서는 우리 종 특유의 인간성을 이해하는 열쇠로 언어를 지목했다.(마이어 1963, 634~637쪽) 언어가 수행하는 문화적 목적은 문화 속 구술성의 역할을 완전히 이해하는 데 결정적으로 중요하다. 그렇지만 마이어의 책이 이에 대해 다룬 더 자세한 내용은 뒤에 가서 살펴보고 지금은 일단 미뤄두기로 한다.

나머지 네 논문 중 하나는 구술성 문제를 건드렸다가 도로 물러났다고 할 수 있다. 레비스트로스가 신화의 구조주의 이론을 해설하며 그 전후로 쓴 수많은 책 중 『야생의 사고』(1962)를 고른 것이 자의적이라 생각될 수 있겠지만, 더 광범위하게 다룬 『신화학*Mythologiques*』(1964, 1966, 1968)*보다 이 책이 먼저 출간됐다는 점, 그리고 부족신화의 구조주의적 논리(1958년 출간한 『구조인류학*Anthropologie Structurale*』에서 레비스트로스가 이미 자세히 해설)와 동시대의 구두 언어, 특히 사물에 붙이는 명사와 관련된 구두 언어(구술에서 결정적으로 중요한 요소) 사이의 연관성 또는 상관관계를 입증하고자 했다는 점을 기억하면 생각이 달라질 것이다. 이런 관계 이면에 구술성이라는 주제가 숨어 있다는 것을 저자 자신이 명확히 지적한 것은 아니다. 그러나 구술성이 거기 잠재돼 있는 것은 분명하며, 그 이면에 숨어 있을 뿐 아니라 미래의 지배력까지 품고 있다. 이 사실에 잠재된 의미를 파고들지 않았다면 그것은 구조주의 학파로서는 사실상 그것을 파고들 길이 막혀 있었기 때문이라고 할 수 있다. 서로 보완관계에 있는 기호의 쌍으로 이루어져 있으면서 모든 진정한 '신화' 안에 잠재돼 있다고 보

* 1971년에 한 권이 더 나와 모두 네 권으로 출간됐다. 그중 제1권과 제2권만 한국어판으로 나와 있다. 참고문헌 참조.

는 저 이항구조는 신화들이 문자로 옮겨 적히면서 인지할 수 있게 됐다. 즉, 글에서 드러나게 됐다는 말이다. 이것은 구조주의자로서는 구술과 문자를 가르는 경계를 형식적 정의를 위한 주제로 인식하기가 어려웠다는 뜻이다.

『구텐베르크 은하계』(매클루언 1963)에서도 구술 문제는 간접적으로 제기된다. 독자는 메아리처럼 아련하게 그것을 들을 수 있다. 매클루언의 글은 오늘날 규정하는 대로의 '원시 구술성'이 아니라 활자 인쇄술의 발명에 따라 일어나고 있다고 본 문화적 탈바꿈에 초점을 두었다. 그는 이것이 인류 문화사를 구텐베르크 이전의 필서와 구텐베르크 이후의 본문으로 갈라놓고 또 (추측건대) 유럽인의 마음에다 인쇄 기반의 의식을 단단히 고착시켜놓았다고 주장하는 한편, 이 의식을 은연중 갑갑하고 (그의 표현이 모호하기는 하지만) 퇴행적이라고 보았다. 인쇄에 대한 이 부정적 평가는 현대적 매체 특히 라디오에 초점을 맞춤으로써 뚜렷해졌다. 어떤 독자라도 이내 알아차리겠지만 그의 글에서는 '전자'라는 용어가 수없이 등장한다. 그는 철저히 음향적인 전자 기술 덕분에 단선적*이지 않은 더 풍부한 형식의 소통이 다시 도입되고 그럼으로써 어쩌면 마찬가지로 풍부한 형식의 경험까지 다시 도입됐으며, 그에 따라 인간의 소통이 인쇄의 영향 때문에 무감각해지기 이전에 존재한 형식들이 되살아났다고 주장했다.

이 책은 대중적 문체에도 불구하고 두 가지 면에서 매우 중요한 기여를 했다. 다양한 소통 기술은 소통되는 내용에 커다란 통제력을 행사한다("매체가 곧 내용이다")는 것을 주장하고 사례

* 여기서 '단선적linear'이라는 말은 어떤 것이 여러 가닥으로 동시 진행하지 않고 한 가닥으로만 진행한다는 뜻이다. 매클루언이 『구텐베르크 은하계』에서 인용한 대로, 이탈리아 계몽 시대 철학자 잠바티스타 비코Giambattista Vico(1668~1744)는 이를 두고 음악 용어인 '대위법적'(다선율적)과 대비되는 '단선율적'이라는 비유를 사용했다.

를 통해 그것이 사실임을 대체로 입증했다. 그리고 간접적이기는 하나 다음과 같은 질문을 던졌다. 인간의 마음, 또는 의식, 또는 어떤 말로 표현하든 그것은 인류사에서 변치 않는 상수에 해당할까, 아니면 역사가 변화함에 따라 변화했을까? 더 간단히 표현하자면, 과거에 인간은 지금 우리와는 다르게 생각했고 또 지금 우리는 미래에 우리가 생각할 방식과는 다르게 생각할까? '구술 문학'이라는 모순어법이 허용된다고 할 때, 첫번째 질문으로부터는 그것이 '문자' 문학과는 질적으로 다를 것이라는 추론이—그는 추론을 회피했지만—가능했다. 두번째 질문으로부터는 활판인쇄의 단선적 성격에서 파생된 현대의 '단선적' 의식 이면에서 특유의 사고 및 감각 규칙을 따르는 구술적 의식을 구별해낼 수 있으며, 이 구술적 의식은 역사적 과거에 존재했으나 지금 현대 기술을 통해 역사적 현재 속에 되살아나고 있다는 추론이 가능했다. 이런 것들은 이 선구적 연구 안에 함축돼 있는 의미로서, 지금에 와서 돌이켜보니 눈에 뜨일 뿐이다. 다만 이 연구에서는 현대 유럽사 중에서도 문화적 고비의 순간에 초점을 맞추는 편을 택했고(제목의 '구텐베르크'), 그 고비가 서로 복잡하게(제목의 '은하계') 연관돼 있는 심리적(여러 감각이 차지하는 상대적 비율 변화), 사회적(인쇄된 책의 역할과 규칙) 영향을 주었다고 보았다.

잭 구디와 이언 와트Ian Watt가 쓴 「문자성의 여파」는 관심을 구술성 그 자체로 돌렸고, 구술성과 문자성 사이에는 질적으로 커다란 차이가 있다는 주장을 사실상 뒷받침했다. 두 저자가 함께 이런 결론을 내리게 된 출발점은 경험론이었다. 싱가포르가 함락된 뒤 일본인에게 포로로 잡혔던 와트는 읽을거리가 박탈된 사회, 즉 인위적으로 만들어진 문자 이전 사회에서 여러 해 동안 살아가도록—더 정확히 말해 생존하도록—강요당한 일이 있었다. 구디는 아프리카로 답사를 갔다가 비문자성에 속하는 부족 집단과 접촉하여 그들의 언어를 기록하고 그들의 사회적 행동을 관찰했다. 확실히 이 아프리카인들은 무슬림 문화와 접촉하면서 구술성이 어느 정도 희석돼 있었다. 그러나 두 저자가 함께 내놓은 이 논문은 원시 구술성 조건이 어떤 모습일지, 또 그 안에서 사용되는 언어는 어떤 종류일지, 그리고 문자성과 충돌할 때 구술성에게 어떤 일이 일어날지를 들여다볼 수 있는 강력한 혜안을 어느 정도 제공해주었다.

이 논문은 두 군데에 초점을 맞추었다. 현대 세계 내 구술성의 생존 쪽으로 관심을 기울였고, 고대 그리스의 경험에서 문자성과 관계를 맺었을 때의 구술성이 어떤 모델이었을지에 초점을 맞추었다. 이 부분에서 와트는 결정적으로 중요한 요인 세 가지 정도를 주의깊게 살펴보았는데, 바로 구술문화의 연속성을 유지하는 데 필수적인 개인적 기억의 역할, 그리스 알파벳과 알파벳을 빌려온 그 바로 전 조상인 셈어 문자의 형태를 잠정적으로나마 서로 구분하는 것, 그리고 그리스 알파벳으로 쓰인 문학과 철학을 그 이전의 소위 '문학'과 비교할 때 둘의 질적 차이이다.(와트 1962, 319~332쪽)

그리스의 역할 부분을 볼 때 와트의 결론은 『플라톤 서설』과 상통하는 데가 있었지만, 『플라톤 서설』에서는 특히 호메로스로부터 플라톤에 이르기까지 얼마간 그리스어 원전으로부터 찾아낸 증거를 집중적으로 고찰함으로써 그 결론을 뒷받침했다. 시와 특히 호메로스는 그리스의 교육 수단으로 적절치 않다고 본 플라톤의 관점(해블록 1963, 1장)을 그 이전 헤시오도스가 묘사한 시의 전통적 기능(같은 책, 6장) 그리고 호메로스 시들의 실제 내용(같은 책, 4장)과 비교했다. 교훈적 기능이 주요 기능임을 플라톤이 인정했다는 견해가 본질적으로 정확하다는 것이 입증됐다. 이 기능은 다시 효과적 암기를 위해 장단을 활용하는 구술 소통 사회에서 시구화한 언어가 맡는 문화적 역할에 기인한다고 보았다. 호메로스는 일종의 시구화한 백과사전처럼 문화의 사회적 습속을 기록함으로써 문화의 연속성을 유지하는 수단을 기록하고 보존했다.(같은 책, 3, 4장) 금석학적 증거(같은 책, 49~52쪽)를 동원함으로써 호메로스 시대의 그리스는 실제로 완전히 구술 사회였다는 결론을 끌어냈다. 호메로스는 문자 환경 속에 살아남은 구술 생존자가 아니었다. 그 사회는 호메로스로부터 플라톤에 이르는 몇 세기 동안 조금씩 느린 속도로 문자화했다. 문자로 적힌 글인 플라톤주의는 구술 서사와 구술 사고를 대체하기 위한 새로운 개념 유형 언어와 사고를 형성할 수 있었다.(같은 책, 11~15장) 서사는 장단과 아울러 구술 암기를 뒷받침하기 위해 필요한 수단이었으나 이제 더이상 필요치 않았다. 끝으로, 그리스가 문자성에 다다르고 문자적 마음 상태에 이르렀다는 것을 이해하기 위한 실마리는 그리스 문자 체계의 음성 표기 효율이 더 뛰어나다는 사실에서 발견할 수 있다는 의견(의견일 뿐이다)을 내놓았다.(같은 책, 129쪽)

4 라디오와 수사의 재발견

세 나라에서 같은 시기에 출간된 저 다섯 편의 연구가 모두 인류의 언어가 인류 문화에서 하는 역할을 다룬 이유는 무엇일까 궁금해질 것이다. 특히 문자 언어와 대비되는 구두 언어에 왜 그처럼 초점을 맞추었을까? 아마도 이 우연의 일치를 너무 확대해서는 안 될 것이다. 현대 유럽사에서 그런 노선으로 이루어진 연구 계보를 추적하면 적어도 루소까지 거슬러올라갈 수 있다. 고전학 분야에서는 서양 시의 원형인 호메로스 시의 구술성에 대해 이미 연구가 이루어졌고 얼마간 놀라운 결과가 나왔다. 그렇지만 나는 뭔가가 우리 모두에게 공통되는 신경을—음향적 신경이며 따라서 구술적 신경을—건드렸고, 그것도 제1차세계대전이 끝난 이후로 40년이 넘도록 지속적으로 건드린 끝에 그것에 대해 반응하지 않을 수 없는 지경에 이르렀다고 생각한다. 이것은 작가와 사상가와 학자와 보통 사람이 모두 똑같이 공유하는 경험이었으며, 매클루언의 책은 이 경험의 정체가 무엇인지 깨닫는 데에 가장 근접했다. 우리는 모두 라디오를 듣고 있었던 것이다. 사실과 의도와 설득을 말에 실어 끝없이 발설하는 목소리가 전파를 타고 우리 귀에 다다랐다. 이것은 우리의 관심을 차지하려는 새로운 유형의 압박이자 나아가 우리 마음에 작용하는 새로운 힘이었다. 이 주제에 관한 이런저런 학문적 관심과는 별개로, 이 힘은 우리 세기에 정치에서 작용하는 개인적이고도 사회적인 사물이라는 깨달음이 지난 20년 사이에 무르익었을 것이다. 이에 따라 입으로 하는 말과 문자로 적는 말 사이의 긴장을 의식하고 그 역사적 기원을 그리스인의 경험에서 찾아낼 수 있을지도 모른다는 인식이 생겨났을 것이다. 나아가 『플라톤 서설』에서는 고대 그리스의 시를 '살아 있는 기록'에 비유하기까지 했다.

이 글을 쓰고 있는 지금은 여기서 살펴본 다섯 논문이 나온 때로부터 23년이 지났다. 앞서 말한 것처럼 그 뒤로 구술-문자 문제를 다양한 전문 분야에서 다양한 관점으로 접근하려는 연구 조사가 봇물 터지듯 쏟아져나왔다. 이것은 이전의 어떠한 웅변에서도 기대할 수 없을 정도로 많은 청중을 장악하는 현대의 어떤 깊은 경험에 대한 반응으로서, 그 자체로 우리 시대 특유의 현상임이 분명하다.

고래로 인간의 목소리가 지니는 힘의 한계는 물리적으로 그 자리에 있는 청중의 규모로 결정됐다. 이제는 그 한계가 완전히 사라졌다. 한 번에 한 무리의 청중에게 들려주던 하나의 목소리가 이제 적어도 이론적으로는 지구 전체 인구를 상대로 들려줄 수 있게 됐다. 오랜 세월 잠들어 있던 구술 마법이 아마도 매클루언이 말한 그 무렵부터, 어쩌면 그 이전일 수도 이후일 수도 있는 그때부터 잠재력을 다시 드러냈다. 우리는 지금 역사 속 구술성을 탐사하면서 우리 안에서 부분적으로 부활한 구술성을 탐사하고 있다.

성정이나 가치관으로 볼 때 완전히 상반되지만 똑같이 신화 만들기의 대가인 정치가 두 사람이 입으로 하는 말에 새로운 차원을 부여하는 데 핵심적 역할을 했다. 전성기의 프랭클린 루스벨트와 아돌프 히틀러는 전파를 타고 사람의 마음을 움직이는 힘의 화신이었고, 그들처럼 정치적 영향력을 행사하려면 그 힘을 반드시 가지고 있어야 한다는 것을 입증했다. 이들의 원형은 과거 구술 시대의 음유시인과 암송시인이었으나, 이제 이들의 말이 미치는 범위는 이전에 상상한 그 어떤 웅변도 넘어섰다. 이것은 양적 변화가 질적 변화로 바뀐 사례였을까?

이 이야기와 관련하여 개인적 기억이 한 가지 있다. 1939년 10월 어느 때(그때일 거라고 생각하지만, 히틀러가 폴란드를 정복하고 얼마 뒤였는데 기억이 불분명하다) 토론토대학에서 빅토리아칼리지 옆 찰스스트리트에 서서 공개 라디오 연설을 들었던 일을 기억한다. 교수, 학생 가릴 것 없이 우리는 모두 약속이나 한 듯 거리로 나와 길가에 설치된 대형 스피커로 연설을 들었다. 스피커에서는 히틀러의 연설이 나오고 있었는데, 공식적으로 말해 그는 캐나다와 전쟁중인 적이었다. 히틀러는 우리에게 전쟁을 그만두고 자기가 차지한 것은 자기가 차지한 그대로 내버려두라고 권고했다. 거슬리고 뚝뚝 끊어지는 문장들이 앞을 다투듯 꼬리에 꼬리를 물고 뛰쳐나와 집어삼킬 듯한 기세로 격렬하게 우리를 난타하며 휩쓸고 지나갔지만, 그러면서도 우리가 꼼짝도 않고 그 자리에 서서 낯선 언어에 귀를 기울이게 만들었다. 왜인지 우리는 외국어인데도 알아듣고 있다고 상상했다. 이 구술 마법은 수천 킬로미터를 건너 눈 깜짝할 사이에 전파됐고, 자동적으로 수신되고 증폭되어 우리 위로 쏟아졌다. 이따금 나는 당시 젊은이였을 매클루언 역시 토론토에서 똑같은 연설을 듣고 똑같은 경험을 했을까 궁금했다. 이후 그가 쓴 글들을 보면 그랬을 가능성이 있다.

짐작건대 레비스트로스도 방송으로 저 억양을 들었을 것이다. 그는 프랑스 육군에 있었다. 브라질에서 현장 연구를 마친 뒤였다. 신화 연구에 대해 아무것도 쓰지 않은 때였다. 그때 그는 입으로 하는 말의 신화가 되살아나는 것을 느꼈을까? 전자 매체에 의해 새로운 모양으로 만들어지고 가공되고 조작되고 조직된 상태로? 그 직후 버마의 정글에서 전쟁 포로가 된 이언 와트가 바깥 세상과의 유일한 연결고리이자 세계가 존재한다는 유일한 증거물인 수용소의 라디오를 통해 그와 비슷한 마법에 걸렸을 거라고 생각할 수 있을까? 여기에는 움직이는 입과 공명하는 귀가 있을 뿐 그 이상 아무것도 없었다. 우리 뜻대로 움직이거나, 우리가 그 뜻대로 움직인다. 조용히 써내려가는 손도, 반추하는 눈도 낄 자리가 없었다. 그것은 진정으로 다시 태어난 구술성이었다.

그렇지만 제1차세계대전 이래로 내내 우리와 함께한 전자 매체는 우리를 저 원시 구술성으로 돌려놓지 않았고 돌려놓을 수도 없다. 음향으로 전하는 내용 주변과 저변에는 여전히 문자로 적힌 내용이 도사리고 있다. 물론 히틀러의 웅변은 부분적으로 즉흥 작품이었다. 그것은 진정한 구술이었다. 그러나 그전에 그것을 위해 글로 적어 준비했고, 또 대개는 연설이 끝난 뒤 연설에 대응하도록 제공하는 인쇄된 자료가 있으므로 일시적일지언정 연설을 기억 속에 저장해두는 역할을 했다. 연설을 방송하는 기술 자체가 알파벳의, 문자성의, 문서화된 설명의, 절차를 인쇄한 사용설명서의 산물이었다.

거기서 일어난 일은 원시 과거로의 복귀가 아니라, 문자로 적히는 말과 입으로 하는 말이라는 두 수단 간의 억지 결혼 내지 재혼이었고 양측 안에 잠재된 에너지를 강화해주는 혼인 같은 것이었다. 라디오든 텔레비전이든 기록된 음반이나 테이프든 음향 매체는 현대 세계에서 소통이라는 짐을 혼자서는 지지 못하고 그 대부분을 지지도 못한다. 실제로 문자로 적힌 말이 보이거나 읽힐 때 발휘되는 힘과 눈의 힘은 귀의 용도를 되살려낸 기술 덕분에 함께 강화되었다는 주장이 가능하다. 일어나고 있는 현상에 대한 매클루언의 인식 한계는 여기까지였다고 보아야 한다. 직접적이고 유연하며 성실하고 포괄적으로 생각을 전달하는 소통 체계가 구텐베르크의 발명 때문에 더 많은 제약을 받게 된 것을 아쉬워하는 신비주의 또는 적어도 낭만적 향수라 할 수 있는 것이 그의 연구 전체에 흐르고 있다. 구술-문자 방정식은 그렇게 단순하지 않다.

5

문화 충돌

언어에 대해 생각할 때의 어려움 하나는 언어에 대해 생각하려면 언어를 사용해야 한다는 점이다. 언어 자체를 향해 언어학적 행위를 해야 하는 것이다. 일단 문자로 적어두면 그 행위가 시각화될 수 있고, 시각화된 이 사물은 말하는 행위로부터 분리돼 일종의 지도처럼 시각적으로 펼칠 수 있다. 그런데 말하는 행위 자체의 본질과 의미는 무엇이었을까? 인류사에서 그것의 역할은 무엇이었을까?

입으로 하는 말과 문자로 적는 말의 차이와 그 둘 사이에 있을 수 있는 복잡한 관계를 생각하자는 충동이 일어나려면 자극이 필요했다. 이 자극은 입으로 말하는 행위와 문자로 적는 행위 사이의 문화 충돌을 접하면서 일어나는 특별한 종류의 경험으로부터 생겨났다. 우리 시대에 이것은 전자적 소리와 인쇄된 말 사이에서, 다시 말해 뭔가를 듣는 것과 뭔가를 읽는 것 사이에서 일어났다. 우리의 기술문화가 그 자체 내에 충돌을 빚어낸 것이다. 사고가 깊은, 또는 사고하고 있다고 생각하는 모든 사람에게 읽는다는 행위가 표준 작용으로서 자리를 차지하고 있는 한 구술 사고는 문자 사고와 약간은 다르지 않을까 궁금해질 가능성은 거의 없었다.

그러나 우리 자신 안에 있는 대항문화 말고도 우리 자신을 완전히 벗어난 바깥에 대항문화가 이전에 존재했고 지금도 퇴화한 형태로 존재하고 있을 수 있다. 이런 인식, 그리고 그것을 정말로 경쟁 문화로 볼 수 있을지도 모른다는 사실에 대한 인식은 적어도 18세기 초까지, 특히 장자크 루소의 고찰로 거슬러올라간다. 신세계의 발견은 지리적 변화에 그치지 않는다는 것이 입증됐다. 그로 인해 구세계는 유럽이 그리스 시대에 벗어났다고 생각한 고대 양식에 따라 행동하는 부족사회가 존재한다는 사실을 의식하게 됐다. 리처드 해클루트Richard Hakluyt의 항해기는 1589년과 1598년에 처음 출간됐고, 제임스 쿡James Cook 선장의 항해기는 1774년과 1784년에 출간됐다. 문자문화에 속하는 유럽인이 완전한 구술문화 조건에서 살아남는 과정을 그린 대작 『로빈슨 크루소*Robinson Crusoe*』는 1719년에 나왔다. 16세기 초부터 스페인과 프랑스의 정복자와 탐험가가 신세계로부터 돌아와 내놓은 그와 비슷한 보고서 역시 그 수가 늘어났다. 최초의 것들은 콜럼버스 이후 겨우 20년 만에 나오기 시작했다.(디아스델카스티요 1983) 이제 유럽과는 문화적으로 완전히 독립된 형태로 존재하고 있음이 알려진 아메리카 인디언, 아즈텍·잉카인, 폴리네시아인을 모종의 문명사회에서 살고 있거나 살았던 사람으로 보아야 할까? 유럽인이 잃어버린 단순한 윤리와 직접적 감각을 지닌, 한편으로는 '야만인'이면서 또 한편으로는 '고귀한' 사람이었을까? 그리고 이런 질문 이면에 도사리고 있지만 거의 인식되지 않는 질문이 또 한 가지 있다. 이들은 문자인이었을까, 비문자인이었을까? 읽고 쓸 수 있었을까? 만일 읽고 쓸 수 없었다면, 그 사실에 비추어 우리 인류사에서 문자가 있음으로써 상대적으로 더 좋은 점은 무엇일까? 문자가 없어서 더 좋은 점은 무엇일까? 이런 주제는 탐험가나 정복자의 관심사에 포함되어 있지 않았지만, 학자들이 질문을 던지기 시작하면서 그들의 고찰 대상으로 떠오르기 시작했다.

문화 간 충돌이 일어났다. 처음에는 침략하는 자들의 총포가 침략당하는 자들의 활과 화살에 직면했을 때 개인적, 사회적 차원에서 일어났다. 다음에는 관념론적 차원에서 일어나면서 유럽 지식인의 의식 속에 자신이 알파벳 문자를 사용하고 있다는 인식이 떠올랐다. 교육에 의존하고 있기는 했어도 인간이 타고난 자연스러운 능력이라고 너무나 오랫동안 당연하게 받아들이고 있던 부분이었다. 그것은 학습으로 습득한 것일 뿐 아니라 어쩌면 불행이자 나아가 '대이변'인 것은 아닐까?

루소가 쓴 『언어 기원에 관한 시론*Essai sur l'origine des langues*』은 1754년과 1762년 사이에 나온 것으로 보인다.(데리다 1967, 194쪽) 이 책에는 「문자에 관하여」라는 장과 「호메로스가 문자를 쓸 줄 알았을 가능성」이라는 장이 있었다. 둘 모두 그의 주된 관심사인 '자연적' 언어의 존재를 설명하면서 붙인 일종의 부록 같은 것이었다. 이 선천적 언어는 이성에 상대되는 격정의 언어이자 그가 상상한 '야만인'이 사용하는 언어다. 같은 나라 사람인 데리다가 지적한 것처럼 문자에 대한 루소의 태도는 혼란스럽고 모호하며 심지어 모순적이기까지 하다. 문자는 인간이 타고난 영혼의 '노예화'일까, 아니면 인간이 자연으로부터 멀어지는 여러 단계를 그저 중립적으로 반영하며 전하고 있을 뿐일까? 어쩌면 루소는 이에 대해 마음을 정할 수 없었는지도 모른다. 그러나 그는 수많은 논문과 책을 쓰면서 '자연적', 즉 '야만적' 언어(오늘날 우리라면 철저하게 '구술' 언어라고 해석할)에다 시종일관 낭만적이고도 터무니없이 높은 가치를 거듭하여 부여했고, 그것이 지금 우리 시대까지, 레비스트로스와 매클루언, 마침내 데리다에 이르기까지 심오한 영향을 미쳤다. 데리다의 책 『그라마톨로지에 대하여』는 1967년에 나왔는데, 앞서 설명한 1962~63년에 동시다발적으로 나온 분수령에 해당하는 다섯 논문이 출간된 때로부터 4년이 지난 뒤이다. 실제로 레비스트로스는 루소의 '야만적 마음'에다 초보적 '원시' 습속이라는 구조를 부여하고자 했다. 루소는 '구술 문제'와 '구술성'을 그 자체로 인식하지 않았다. 구술성과 본문성의 충돌은 그의 시야에 들어가 있지 않았다. 그러나 그는 우리 세기에 그것을 인식하기 위한 기초를 놓았다.

그는 또 1928년* 이후 그것을 인식하는 데 도움이 된 중요한 요소 하나를 예견했다. 구술성은 문자성과는 완전히 구별되는 상황으로서 그 자체의 언어를 사용한다는 개념은 호메로스의 시가 구술로 지어졌음을 설명하는 소위 패리-로드 논제†의 뒷받침을 얻었을 수밖에 없다. 호메로스는 실제로 구술 문제의 핵심에 해당된다. 그 시대 다른 사람들과 마찬가지로 어느 정도 고전학 교육을 받은 루소가 호메로스에게 관심을 돌려 『일리아스』와 『오디세이아』는 글로 지은 작품일 수 없다고 주장한 것은 이런 면에서 정말로 중요하다. 다만 그는 이것을 깨달았는데도 호메로스의 시들이 정확히 어떻게 지어질 수 있었는지 살펴보는 데까지 나아가지는 못했다. 그런 질문에 대한 답은 150년을 기다린 뒤에야 밀먼 패리가 내놓을 수 있었다.

그러므로 '구술성 문제'는 현대기에 제기된 이후로 내내 '그리스 문제'와 얽혀 있었다. 그 어디에, 고전 고대에, 기원전 첫 1000년이라는 시간 속에 그 답이 숨어 있을 것이다. 그리고 그 대답은 아메리카 인디언이든 폴리네시아인이든, 또는 더 근래로 내려와 유고슬라비아인이든 아프리카인이든 소위 '원시' 또는 '낙후' 문화로부터 추론해낼 수 있는 수준을 넘어설 것이다. 그러나 이렇게 과거의 그리스로 눈길을 돌리게 된 것도 원래는 현대 세계가 대서양 너머에서 지금도 살아 있는 자신의 과거로 보이는 모습과 마주치고 문화 충돌을 경험하면서 자극을 받은 결과이다.

* 밀먼 패리가 『호메로스에 나오는 전통적 수식어』를 출간한 해이다.

† 밀먼 패리(1902~1935)와 그의 조수 앨버트 로드(1912~1991)는 구술 시대 구송시인은 사물이나 상황을 묘사하는 상투적 관용표현을 모은 '주머니'를 차고 있으면서 그 주머니에서 운율에 맞는 적절한 표현을 '끄집어내' 하나로 꿰는 방법으로 즉흥적으로 시를 지을 수 있었다고 설명한다. 이 책의 1장 참조.

루소를 이어받아 18세기에 호메로스 문제를 탐구한 사람은 영국인 로버트 우드Robert Wood였다. 고전학 분야에서 일반적으로 호메로스 문제의 역사는 바로 여기서 시작되고, 그런 다음 프리드리히 볼프Friedrich Wolf를 통해 독일 문헌학의 손으로 넘어간다. 우드는 외교관이자 여행가, 아마추어 고고학자로 그 시대의 선구자였다. 그는 지중해와 중동 지역을 광범위하게 여행하면서 호메로스 이야기에 나오는 것으로 생각되는 장소를 더듬어 다녔지만, 그보다 더 중요한 사실은 '호메로스'는 필서가 아니라 기억으로 지은 작품이자 '자연'의 작품이라는 의견을 내놓았다는 점이다.* 그가 루소를 읽었으리라는 (또는 루소와 우연히 마주쳤을 거라는?) 결론을 내리지 않기란 어렵다.(『언어 기원에 관한 시론』의 최종 개정판이 나온 때로부터 5년쯤 지났을 것이다.) 어떻든 여행하면서 그가 접한 문화 충돌 효과가 그가 혜안을 발휘하여 내놓은 결론에서 다시금 작용하고 있다는 것은 조금도 추측이 아니다. 그가 경험한 문화 충돌은 대상이 아메리카가 아니라 중동 농민이었다. "문자가 없는 조야한 사회에서는 쓸모없거나 이해할 수 없는 그 어떤 것도 기억에 실리지 않는다."(A. 패리 1971, 13쪽 재인용)

그 뒤 100년 동안 유럽이 진보 정부나 민주 정부를 거치는 사이에 문맹이 줄어들고 문자가 점점 더 주도권을 차지하게 되면서 문자로 적는 말은 의식과 소통 문제를 생각하는 유일한 맥락이 됐다. 쓰고 읽지 않는 사람은 문화 차원에서 말하자면 사람이 아니었다. 구술성/문자성 충돌을 객관적으로 다룬 그다음 사례는 브로니스와프 말리노프스키Bronisław Malinowski가 출간한 「원시 언어에서 의미 문제The Problem of Meaning in Primitive Languages」(1923)였다. 우드와 마찬가지로, 그리고 풍문에 의존한 루소와는 달리, 말리

* 로버트 우드(1717~1771)는 『호메로스의 독창적 천재성에 관한 에세이*An essay on the original genius of Homer*』(1769)에서 호메로스는 자연을 충실히 모방했다고 말할 뿐 아니라 나아가 호메로스와 자연을 동일시한다.

노프스키는 전문 인류학자로서 실제로 문자 이전 사회를 여러 곳 접촉한 뒤, "말하려는 내용을 설명하는 데 어려움을 겪기는 하지만"* 일반적으로 '원시' 민족들 사이에서 언어는 하나의 '행동 양식'이라는 흥미로운 관찰 결과를 내놓았는데(옹 1982, 32쪽), 이것은 후대의 연구를 위해 의미심장하다. '원시'라는 용어에는 경멸적 의미가 내포되어 있기 때문에 구술성을 사회가 형성되는 과정의 하나로 인정하고 싫어하지 않는 마음이 감춰져 있다.(이처럼 관념적으로 얕잡아 보는 태도가 말리노프스키에게 국한된 것도 아니다.) 충돌 강도가 어느 정도인지는 폴리네시아와 접촉했을 때 느꼈다. 레비스트로스(1936)가 남아메리카 인디언들과 접촉하면서 비슷한 상황을 경험했을 때 그것을 충돌로 인식하려 하지 않고 구술 과거와 문자 현재 사이의 공통분모를 찾아내는 쪽을 택했다는 점은 흥미롭다.

그보다 4년 앞서 (소위) '원시'와의 비슷한 충돌 기회가 지구 반대편에서 있었다. 그때 알렉산드르 루리야Alexander Luria가 소비에트연방의 우즈베키스탄공화국과 키르기스공화국에 있는 비문자인들을 2년 동안 집중적으로 관찰했다.(루리야 1976) 그 뒤로 어떤 연구자도 그가 이끌어낼 수 있었던 수준의 깊은 결론에 다다르지 못했는데, 특히 그가 같은 공동체 안의 문자인들과 비교하는 데에도 신경을 썼기 때문이다. 그가 관찰한 비문자인들은 공동체 내에서 다수를 차지하고 있었던 것으로 보이는데, 이들은 기하학적 형태를 구분할 때 모양이 비슷한 구체적 사물의 이름을 동원했다. 원을 접시, 체, 들통, 시계 등으로 부르는 식이었다. 반면에 어느 정도 문자를 익힌 학교 학생들은 기하학적 형태를 올바른 범주에 따라 구분했다.(옹 1982, 51쪽에 소개됐다.) 망치, 톱, 통나무, 도끼 같은 사물 이름이 나열돼 있을 때 비문자인은 통나무와 도구

* 옹은 말리노프스키가 이처럼 설명에 어려움을 겪은 이유를 당시에는 구술성의 정신역학에 대한 이해가 사실상 존재하지 않았기 때문이라고 부연한다.

셋을 별개로 구분할 생각을 하지 않았다. 네 가지 모두 같은 상황에 속한다고 보고 비슷하게 취급했다. "어느 문맹 농부는 이렇게 말한다. '모두 비슷해 보인다. 톱은 통나무를 켜고 도끼는 통나무를 찍는다.'"(같은 출처)

> 요약하면, 그가 관찰한 문맹자들은 행동할 때 형식적 연역 절차를 전혀 따르지 않는 것으로 보였다. 이것은 이들이 생각할 수 없다거나 이들의 사고가 논리의 지배를 받지 않는다는 뜻과는 같지 않으며, 단지 이들은 순수하게 논리적인 형식에 맞춰 사고하려 하지 않았고 그것을 흥미롭지 않다고 보았다는 뜻일 뿐이다.
>
> [옹 1982, 52쪽]

이것은 문맹자에게 '논리' 능력이 있다는 뜻을 전달하면서도 그것이 '순수하게 논리적인 형식'은 아니라는 사실을 살리는 표현이다. 더 근본적인 질문은 다음과 같을 것이다. 일반적으로 이해하는 논리적 사고는 모두 그리스 알파벳 문자성의 결과물이지 않을까?

만일 연구를 통해 비문자인에게는 범주 중심 사고가 전혀 없다는 것을 루리야가 알아냈다면, 그들이 여러 진술 사이에서 의미 있는 연관성을 찾아내기 위해 사용하는 다른 방식의 사고가 있다는 실마리를 알아냈을까? 알아낸 것 같다. 그러기 위해 그는 사물 이름을 나열한 목록을 완벽하게 기억해내는 유별난 능력이 있는 어느 전직 저널리스트를 연구 대상자에 포함시켰다. 간단히 말하자면 그는 저널리스트 출신의 기억술 전문가였다.(루리야 1968) 루리야가 알아낸 것은 서로 연관성이 없는 이름이 나열된 긴 목록을 기억할 때 다음처럼 각 이름을 서사적 맥락 속의 등장인물로 삼아 암기한다는 것이었다.

> 실험 동안 S는 눈을 감고 앉아 있다가 이런 식으로 말하곤 했다. "그래요, 그래. (…) 이건 우리가 선생님의 아파트에 있을 때 선생님이 저한테 줬던 목록이군요. (…) 선생님은 탁자 앞에 앉아 있었고 저는 흔들의자에 앉아 있었죠. (…) 선생님은 회색 정장 차림이었고 저를 이런 식으로 쳐다봤죠. (…) 그러고 나서 선생님이 이렇게 말하던 게 떠오르는군요. (…)" 그러고 나서 그는 바로 전 실험 때 내가 그에게 주었던 목록을 정확하게 그대로 술술 말하는 것이었다.
>
> [하딩 1968]

> 이 연구는 목록을 되살리려면 서사적 상황이 기억술의 방아쇠가 되어야 한다는 점을 명확히 밝히고 있다. 이 서사적 상황은 목록이 개입된 짤막한 이야기이지만, 목록 자체도 서사적 형태로 그 안에 들어간다. 명사 목록을 암기할 때 S는 목록의 항목마다 몇 초 동안 시간이 필요했다. 그사이에 S는 그 사물의 시각적 이미지를 떠올려 그것을 상상의 배경 속 특정 지점에 두는데, 대개는 익숙한 거리를 따라 일정한 간격으로 두는 것이다. 이렇게 하고 나면 그는 한쪽 끝부터든 중간 어느 지점부터든 그 거리를 따라 걸으며 그가 거기 둔 사물을 일러줄 수 있었다.
>
> [해블록 1978a, 44쪽]

이처럼 행동을 묘사하는 활동적 서사를 하나의 이야기로 꿰는 것이 특정 항목들에 대한 정보를 거기에 담고 그것을 회상하려 할 때 기억하기 유리한 조건이었다. 루리야가 그 중요성을 깨달았든 아니든, 로버트 우드가 구술 사회 특유의 것으로서 주목한 기억의 작동 방식을 풀어내는 결정적 실마리는 여기에 있었다. 그것은 호메로스 안에서 눈에 띄게 생존하고 있다.

루리야가 연구 전체를 러시아어로 완전히 출간한 것은 원래 연구를 수행한 때로부터 40년이 훨씬 지난 때의 일이었고, 출간되자마자 바로 영어로 번역됐다.(루리야 1976) 원래는 마르크스주의 심리학을 위해 고안된 연구지만 문화적 결론 쪽에도 관심을 기울였는데, (널리 알려졌더라면) 나름의 규칙이 있는 독특한 양식의 의식으로 규정되는 과거의 구술에 대한 연구를 촉진시켰을 것이다.

루리야가 러시아에서 연구한 '충돌'은 본질적으로 비문자인인 개인과 키릴 알파벳(그리스 알파벳의 한 변형)을 사용하는 문자인인 개인이 대비되면서 비롯된 경험이었다. 비문자인과 문자인 사이의 나뉨은 극적이었다. 루리야보다 한 세대 더 이전, 근동 지역에 마음이 매우 잘 통하는 가까운 인맥이 있어서 그곳에서 살기로 한 어느 프랑스인이 그와 똑같지는 않아도 유사한 환경에 처했다.(주스 1925) 그가 경험한 것은 문자성과 비문자성의 대비가 아니라, 그 자신은 문자성을 갖추고 있으나 그가 마주친 환경은 '기능 문자성' 또는 2차적이라 볼 수 있는 유형의 문자성을 지니고 있다는 사실에 기인한 대비였다. 그는 북부 셈 문자, 아라비아, 아람, 히브리 문자가 수세기 동안 사용되어온 문화 환경에서 살고 있었다. 그런 문자를 알파벳이라 주장하는 사람들의 논리대로라면 그가 살던 환경은 그의 원래 프랑스어 모델에서 말하는 의미 그대로 완전한 문자 사회로 들어간 지 오래된 상태라야 했다. 그러나 그 모델에 어느 정도 근접한 수준에 그친 상태였다. 바로 이것이 그가 시간적으로 먼저인데도 루리야 다음에 다루는 것이 적절해 보인 이유다. 즉, 그가 들어가 있는 곳의 문화 환경이 더 '고등'하고 복잡하기 때문이다. 실제로 그가 경험하고 또 예리하고 예민하게 파악하여 기록한 것은 언어를 다루는 구술 방식과 그에 상응하는 구술적 '의식'이 널리 살아남아 있다는 점이었다. 그곳 언어의 통사법은 (그가 나중에 호메로스를 가리켜 사용한 용어들을 빌리자면) 행동적이자 역동적이었고, 그런 통사법으로 표현된 그곳 문화를 그는—완전한 문자성 특유의 정적이고 명확한 언어와 대비되는 의미에서—'말로 구동된다verbomotor'*고 표현했다. 구술로 작품을 짓고 구술화한 언어(이 표현이 성립된다면)로 공연하는 일이 일반적이었다. 이런 공연에서 그는 장단 형식과 신체의 물리적 동작이 일치하는 것에 주목했다.(나중에 내가 이론적 관점에서 묘사한 것과 같다. 해블록 1978a, 39~40쪽)

그러면 그와 동시에 사용되고 있던 문자 체계의 역할은 무엇이었을까? 이 역설이 가리키는 결론은 그곳의 문자 체계로는 (그리스 알파벳을 사용하는) 프랑스 모델 문자성을 위한 기반을 제공할 수 없기 때문에 과거에나 현재에나 수준 미달이라는 것일까? 이것이 더 나아가 가리키는 결론은 그리스 알파벳 글자 다수의 모체가 됐다고 보는 그 이전 문자 체계가 그리스가 발명한 문자 체계로 대체됐을 때 그리스 문자는 이전 문자들로서는 가질 수 없었던 문자문화 속성을 얻었다는 것일까?

제1차세계대전 동안 비슷한 문화 환경에서 활동한 아라비아의 로런스Thomas Lawrence는 사막에서 대상들과 함께 살면서, 악기 반주와 함께 관용표현으로 된 시구를 읊는 행위가 기능적으로 군사적 맥락에서 전투를 위해 군대를 편성하는 수단으로 활용되는 것을 관찰했다.(해블록 1963, 139, 144쪽 참조)

아라비아의 대상들로부터 1950년대와 1960년대 옥스퍼드 철학자들로 건너뛰면, 사상가들 사이에서 구두 언어에 관심을 가지고 분석하려는 움직임이 일어난 데서 연관성을 찾아볼 수 있겠다는 생각이 들 것이다. 이 경향은 루트비히 비트겐슈타인Ludwig

* '말로 구동된다'('구두 구동')는 것은 사물보다 사람의 말에 더 무게를 두는 것을 가리킨다. 월터 J. 옹은 '말로 구동되는 문화'를 "행동 방침이나 문제를 대하는 태도가 말을 효과적으로 사용하는 데에, 따라서 인간적 상호작용에 훨씬 더 많이 의존하는 문화"라고 설명한다.(옹 1982, 67쪽)

Wittgenstein의 후기 사상에서 두드러진다. 존 L. 오스틴(1961)은 '수행성'* 진술은 별개의 범주를 이룬다는 의견을 내놓았는데, 그 뒤 이것은 구술로 보존되는 소통의 한 가지 근본적 특징일 것이라고 인식되게 됐다. 구술로 보존되는 소통은 수행성 진술이 암기에 필요한 도구 역할을 해온 영역이다.

장면은 캐나다로 바뀐다.(해블록 1982b) 토론토대학의 유명 경제학자 해럴드 이니스는 구술-문자 문제에 발을 들여놓을 것 같은 사람으로 보이지 않을 것이다. 그러나 그는 때 이르게 비극적으로 생을 마감하기 전 몇 년 동안 자신의 지적 에너지를 구술성이 옛 인류 문화에서 한 역할의 역사적 탐구에 쏟았다. 구술-문자 문제에는 그 자신의 전문적 관심사와 연관되는 부분이 있었다. 여러 소통 양식을 그는 '소통 편향'이라 불렀는데, 인간 사회가 형성되는 과정과 나아가는 방향에서 그것이 적어도 경제활동만큼의 역할을 했다는 확신이 점점 커졌기 때문이다.(이니스 1951)

이니스가 태어난 나라의 민속에서까지 문화 충돌 효과가 있었을까? 그는 개척자적 성격과 식민 지배를 물리친 역사를 지닌 조국에 열정적으로 애착을 느꼈다. 작은 마을 공동체에서 자라난 그는 즉각적, 피상적 사고를 조장하는 대중지와 신문과 속보 기술 때문에 언어와 소통에서 개인의 정체성과 온전성이 잠식되고 있다고 생각했다. 그 모든 것이 대중 문자성의 결과물이다. 그는 그 자신의 현재 내에 있는 긴장에서 출발하여 그리스로, 메소포타미아로, 이집트로, 아시리아로, 또 자신의 맷돌로 갈아낼 거리를 찾아낼 수 있는 곳이라면 어디든 역사를 거슬러올라가며 추정해 들어갔다.

전문가로서 이니스는 캐나다의 펄프와 제지 산업을 집중적으

* 수행성performative 진술은 어떤 말이 단순히 의미를 전달하는 데에서 그치지 않고 그 말을 발설하는 것 자체가 사회적으로 어떤 기능을 수행하는 것을 가리킨다. 주례의 성혼 선언이라든가 판사나 심판의 판결 등이 이에 해당된다.

로 연구했다. 애국자로서 그는 뉴욕 지하철에서 한순간 건성으로 읽고 지나갈 것을 만들기 위해 자신이 태어난 나라의 숲이 파괴되고 있는 것을 보았다고 생각했다. 사실상 그는 대형 윤전 인쇄기를 둘러싼 인쇄 문화라는 망령에 주의를 환기시키며 그 타락에 대해 경고하고 있었다.(해블록 1982b, 32~34쪽) 이런 관점에서 보면 이니스는 인쇄기에서 사회 변화의 원동력을 찾아내려 했고 따라서 매클루언은 그의 제자가 됐다고 할 수 있다. 그러나 매클루언의 활자 인쇄기는 이니스의 윤전 인쇄기가 아니었다. 매클루언이 인쇄된 책을 사실상 공격하고 현대 기술, 특히 전자 기술 덕분에 책으로부터의 해방이 가능해진 것을 반가이 받아들였을 때 그는 이니스의 논리를 완전히 뒤집은 셈이었다.

6

글이 말을 할 수 있을까?

언어를 이해하려면 언어를 사용해야 한다는, 즉 언어가 언어 자신을 이해한다는 역설 말고도 우리는 구술성을 이해하고자 할 때 그와 비슷한 역설과 마주친다. 들여다볼 수 있는 자료가 대체로 글로 되어 있기 때문이다. 구술성에 관한 지식을 그 반대쪽으로부터 어떻게 끌어낼 수 있을까? 글에서 구술성에 대한 어떤 이미지를 얻어낼 수 있다고 쳐도, 구술이 아니라 어휘와 통사법을 동원해야 제대로 적을 수 있는 글로 된 묘사를 가지고 구술성의 이미지를 어떻게 말로 제대로 살려낼 수 있을까?

문자성 어투idiom에 의한 오염이라는 똑같은 문제가 남북아메리카와 폴리네시아에서 '원시인'의 이야기와 노래를 연구한 인류학자와 민족학자의 보고서 이면에 도사리고 있다. 현대인의 마음으로 이해할 수 있도록 '의미'를 뽑아내기 위해 토착 어투를 (반드시는 아니지만) 개조하는 인위적 해석이 이런 보고서에 어느 정도 섞여 들어가는 것은 불가피하다. 녹음기가 도입되면서 이런 어려움이 해결되는 듯 보였으나, 다음과 같은 두 가지 문제가 나타났다. 1) 연구자는 문자인답게 여전히 개인과 면담하거나 청취하는 자리를 마련하고자 한다. 2) 그런 자리에 응하는 상대방은 일반적으로 그 요구에 맞춰, 연구자가 기대하거나 원한다고 생각하는 바로 그 종류의 정보를 구술 즉흥 공연을 통해 제공하고자 한다.

또 일부 부족 공동체는 '원시 구술성'이 살아 있는 사례로 보이지만 실제로는 인접 문화의 문자 전통 때문에 손상된 언어를 사용한다. 예를 들면 구디가 옮겨 적어 보고한 『바그레 신화 *The Myth of the Bagre*』(1972)는 그 구성 자체에 무슬림 전통과 신학의 흔적이 역력하다.

구술성을 이해하는 데는 극복할 수 없는 장애물이 언제나 남는다. 레비스트로스가 1935년부터 1939년까지 간간이 연구한 브라질 인디언은 다른 여러 연구에서 묘사된 아메리카 인디언이라든가 폴리네시아나 아프리카 부족민과 마찬가지로 고도의 복잡한 문화를 유지하는 책임을 스스로 떠맡은 적이 없거나 더이상 떠맡고 있지 않는 사회의 좋은 예가 된다. 전자의 경우 그들은 복잡한 어휘를 갖춘 고도의 구술성이 요구되지 않는 단순한 사회 구조에 만족한 채 살아왔다. 후자의 경우에는 그들을 침략하거나 침투한 문자문화와 접촉한 뒤 문자적 관리 방법을 사용하는 정부에게 경제와 군사 보호와 법 체계를 통제할 권한을 넘겨주었다. 아프리카든 아메리카든 폴리네시아든, 그런 사회에서 살아남은 구술성은 더이상 제 기능을 하지 않는다. 즉, 행동 규범을 암기한다는 책임을 짊어지고 있지 않는 것이다. 위대한 서사시가, 일제히 읊는 합창이, 제의화한 공연이 망각 속으로 빠져든다. 문자인 연구자가 그들을 찾아가 그들이 하는 말을 기록할 무렵이면 중요한 내용은 아무것도 담겨 있지 않는 오락, 이야기, 노래, 일화의 찌꺼기만 남아 있을 뿐이다.(테들록 1977; 해블록 1978a, 337~338쪽) 사용되는 언어는 더이상 지배력을 지니고 있지 않다. 그렇지만 문자성의 도움을 받으면 그것을 매력적이고도 흥미로운 형태로 모양을 잡아 미학적으로나 낭만적으로나 관심을 끌게 만들 수 있다.

물론 원시 구술성에서는 즐거움을 줌으로써 암기하기 쉽도록 고안된 형태의 말 안에 기능적 내용이 들어가 있다는 것은 사실이다. 사회적 목적과 미학적 목적이 동반 관계를 이루고 있는 것이다. 사회적 책임이 일단 문자 계급으로 넘어가기 시작하면 이 균형이 미학적 목적이 중시되는 쪽으로 변화한다. 그 결과 루스 피네건Ruth Finnegan이 선구적 글 선집(1970)을 펴낼 때 붙인 제목에서 볼 수 있는 것처럼 '구술 문학'이라는 것이 생겨났다. 이 관용표현은 "구술 창작을 마치 문자의 산물에 속하는 것처럼"(옹 1982, 8쪽) 취급하기 때문에 확실히 용어의 모순에 해당한다. 피네건 자신은 더 신중한 쪽으로 바뀌었지만, 원형이라는 것이 "설사 존재했다 하더라도" 지금으로서는 되살릴 수 없는 만큼 이렇게 얻어낸 결과물은 구술성의 귀중한 부분을 담고 있다며 여전히 옹호한다.(피네건 1982) 이런 형태를 일단 기능적 관점에서 바라보면 원형이 존재했을 수밖에 없을 것이라는 결론을 내리게 되며, 실제로 예컨대 쿡 선장의 항해기처럼 초기 탐험가들이 가지고 돌아온 경험담 속에서 의도하지 않았다 하더라도 원형과 닮은 형태가 어느 정도 드러난다.

1932년부터 1940년 사이에 채드윅 부부는 옹의 표현을 빌리면 "전통적 구전 이야기, 속담, 기도, 관용표현"(옹 1982, 11쪽)을 세 권에 담은 어마어마한 보물 보따리를 내놓았다. 확실히 이것은 '말을 할'지도 모르는 글이었다. 그러나 이 책의 제목으로 고른 『문학의 성장*The Growth of Literature*』 자체에서 내용이 얼마나 손상돼 있을지, 또 그것을 듣고 옮겨 적은 사람들의 문자 편향이 얼마나 강할지 알 수 있었다.

그와는 다른 종류로서, 역사적 과거로부터 수집한 것이 아니라 현재의—적어도 18세기 말까지의—문자 사회 안에 존재하면서 구술성의 특질을 어느 정도 (많지 않다) 담고 있는 글이 있다. 수사학은 헬레니즘 시대 이래로 고등교육에서 하나의 분야 역할을 했다. 이것은 청중 앞에서 구술 담화를 주고받으며 논쟁을 벌이는 기회를 만들어주었다. 그러나 그 목적이 구술인데도 이를 위해 사용되는 견본은 여전히 글이며 글로서 읽히고 있다. 이 역시 역설을 벗어나지 못했다. 이런 글에서 진정한 구술성이 어떤 것이었을지 알아내기 위한 비밀을 찾아낼 수 있을까? 이 분야를 다룬 월터 J. 옹의 연구(1958, 1967, 1971, 1977)는 군계일학에 해당하지만, 그의 탐구에 따르면 그 대답은 여전히 불확실하고 미심쩍다는 것이다. 모든 수사학과 원시 구술성을 구분하는 특징 한 가지는 금방 눈에 띈다. 수사에 사용되는 언어는 산문이며 절대로 시 형식을 띠지 않는다는 것이다. 그러나 구술성과의 연관관계도 입증할 수 있고 원시 차원에서 구술 소통이 이루어지는 규칙을 알 수 있는 실마리도 어느 정도 찾아낼 수 있을 만큼 충분히 많은 것이 시로부터 수사학으로 흘러들어가 있다.

그렇지만 글은 어느 정도 말을 하도록 만들어졌다. 실제로 글은 먼저 낭독을 통해 '발행'됐다. 청중은 그것을 듣고 다른 사람들에게 전했다. 글의 사본을 빌려 와 더 많은 읽기의 기반으로 삼았다. 혼자 읽는 사람도 자신에게 들려주는 식으로 소리 내어 읊으면서 읽었다. 이 방식은 중세기를 통해 완전히 증명됐다.(클랜치 1979, 2부 8장「듣기와 보기」) 이런 습관은 이 방식으로 이용되는 글의 표현 양식에 영향을 주었을까? 그래서 겉보기로는 문자성에 속하는 작문 형식 안에 구술성의 흔적을 남겼을까? 두 학자가 이 현상을 놓치지 않고 관심을 기울여 서로 10년 간격을 두고 각자의 연구를 펴냈다.(발로그 1926; 크로스비 1936) 그러나 글에서 구술성을 탐지해낼 판단 기준을 글 자체가 어떻게 제공할 수 있을까?

이와는 완전히 다른 종류로서 숨은 구술에 해당하는 범주가 있는데, 이것은 구약성서 정전이 형성되면서 히브리어로 보존되어 탐구할 수 있게 됐다. 정전이 형성된 시기는 지금도 논쟁중이다.(파이퍼 1941, 51~65쪽과 라이먼 1976, 125~126쪽을 비교) 이것은 정말로 '말을 하는' 글이지만 불완전하다. 망각된 지 오래된 원시 구술성에서 울려퍼지는 진정한 메아리가 글 안 여기저기에 보존됐다. 원래 이것은 문자로 전해지는 전통에 의해 고안된 신학적 틀 안에서 그 메아리를 손질하고 요약하고 엮어넣는 작업을 충실하게 거친 글이다. 그렇지만 이 메아리는 페니키아어를 히브리어로 표기하는 데 따른 효과와 히브리어를 아람어로, 그리스어(70인 역 성서)와 라틴어(불가타 성서)로 번역하고 나아가 현대어로 번역하는 데 따른 효과에도 살아남았다. 로버트 파이퍼Robert Pfeiffer는 「드보라의 노래」(판관기 5장)를 "다윗 이전 시대의 사료 중 묘사하고 있는 사건과 같은 시대에 만들어진 사료로서 역사적으로 중요한 유일한 것"(파이퍼 1941, 235쪽)으로 꼽았고, 「모세오경의 시」를 찾아내 별도의 장(271~281쪽)에서 한 부류로 묶어 다루었다. 그는 모세오경*에 사용된 가장 오래된 기록 자료로서 아브라함을 부르는 부분(창세기 12장)으로 시작되는 '야훼문서'†는 "서사시이자 희곡이며, 표현 양식과 주제 면에서 서사시"라고 설명했다.(162쪽) 야훼문서를 나머지 성서 본문으로부터 분리하여 별개 작품으로 번역했더니 호메로스의 시와 비슷한 『히브리 일리아스 *The Hebrew Iliad*』(파이퍼 1957)가 됐다.

그러나 이 원본은 여전히 '글'이다. 이것은 "이스라엘 문명 최초의 문자로 적힌 문학"으로 소개됐고(파이퍼 1941, 72쪽; 강조는 내가 넣었다), 그 저자 역시 헤로도토스보다 앞서는 "역사의 아버지"로 묘사됐으며(같은 책, 161쪽), 이와 아울러 사울, 다윗, 솔로몬 왕 시대에 대한 서사가 특별히 언급된다. 그러나 양쪽을 모두 가질 수는 없다. 이 저자는 구술성에 속할 수도 있는 호메로스 같은 사람이거나, 아니면 구술 이후에 속하는 역사학자

* 구약성서의 첫 다섯 권을 모세오경이라 부른다.

† 모세오경을 따로따로 존재한 네 가지 원천 자료를 취합한 결과물이라고 보는 이론이 있는데 이것을 문서 가설이라 한다. 야훼문서는 그중 하나이며, 두드러진 특징은 하느님을 가리켜 '야훼'라는 이름을 사용한다는 것이다. 나머지 세 가지는 엘로힘문서, 신명기문서, 제사장문서이다.

이다. 실제로 자료는 시구가 아니라 산문으로 되어 있고, 산문 형식이므로 호메로스와는 다르며 구술이 아니라는 결론을 내릴 수밖에 없다. 족장* 이야기에는 그 이면에 "옛 시대의 무용담"이 숨어 있다.(같은 책, 149쪽) '아히마스의 펜'(다윗의 '전기'를 지은 것으로 확인된 사람)†은 대체로 전설에 의존하고 있는 것으로 보인다.(폴라드 1957, 42쪽) 간단히 말해 원래의 구술 자료는 사라지고 없다는 뜻이다. 우리에게 남은 것은 문자로 기록됐기 때문에 이미 모양이 바뀌었다. 드보라의 노래, 모세오경 본문에 포함되어 남아 있는 시 몇 편, 그리고 다윗의 '전기'에 들어가 있는 사울과 요나단을 위한 감동적 애가를 제외하면 구약성서에서 가장 오래된 부분에서 원시 구술성의 모형을 찾아낼 수 없는 것이다.

희한하게도 그로부터 1000년 뒤 신약성서의 첫 세 권이 기록될 때는 그 반대가 된다. 기적과 관련된 부분을 빼면 이 세 권은 세 가지 요소를 중심으로 구성돼 있는데, 그것은 바로 수난 서사, 발언, 비유이다. 원래 신약성서를 다루는 고등 본문비평은 글로 된 복음서는 그 자체가 여러 글을 모아 최종 형태로 만든 것이라는 가정을 바탕으로 삼았다. 구술을 형식 연구의 한 부분으로 '계산에 넣지' 않았다고 할 수 있다는 말이다. 이런 상황은 워너 켈버Werner Kelber가 『구술과 문자로 이루어진 복음서 *The Oral and the Written Gospel*』(1983)를 펴내면서 바로잡혔다. 간단히 말하면 이 책은 수난 서사라 불리는 글로 된 장면, 그리고 원래 예수가 아람어로 한 말을 그리스어로 옮긴 발언 부분에 보존되어 있는 구술로 지어진 켜를 서로 구별하고자 한다. 켈버의 연구에 대해 세세하게 어떤 비평이 가해지든 간에, 본질적으로 이 연구는 호메로스로부터 800년 뒤(옹이 사용한 용어를 빌리자면) '이차적' 구술성이라 할 수 있는

* 창세기의 족장은 창세기 12~50장의 주인공인 아브라함, 이사악, 야곱을 말하며 이들이 활동한 시대를 족장 시대라 부른다.

† 사무엘하 18장에서 이 이름이 직접 언급된다.

사회적 맥락에서 팔레스타인 사회에 존재한 구술 문제를 대면하지 않을 수 없게 만든다.

구술성의 원천 자료로서 보는 성서 본문은 그 자체로 하나의 역설이다. 신앙심을 뒷받침하는 성서의 역할로 보면 제의와 규칙과 신학이 점점 불어남에 따라 그에 발 맞춰 원본을 계속 고쳐 쓰는 것이 장려됐다. 그러나 정전이 자리를 잡고 자료가 동결되는 시점에, 아마도 우연이겠지만 이전의 개정 과정에서 살아남은 구술의 자취가 이제 영구히 생존을 보장받았다.

인쇄된 성서는 구텐베르크의 발명이 가져온 첫 결실 중 하나이며, 그 뒤로 인쇄된 책 중 성서와 나란한 위치에 다다른 것은 없다. 인쇄물로서 매클루언의 비판이 적용되지 않는 것은 아직까지 성서뿐이다. (구디의 용어를 빌리자면) '되훑어' 만들어진 현대의 여러 '개정'판은 아직까지는 구술시가 오히려 더 뚜렷이 드러나 보이게끔 하는 경향이 있었다. 다만 발언 부분 경우에는 꼭 그렇지는 않다.

그러나 이를 제외하면 인쇄술이 도입된 효과는 이제까지 그 반대였다. 학자는 '책'이라는 용어를 보통 오늘날 도서관에 있는 내용물뿐 아니라 파피루스 두루마리와 양피지 사본까지 가리키는 뜻으로 사용한다. 손으로 쓴 것도 인쇄된 것도 모두 '글'이지만, 인쇄된 것에서 우리는 역사적으로 표현 양식과 내용물이 조금씩 변화해온 것을 보게 된다. 그것을 어디까지 '혁명적'이라 보아야 할까? 일반적으로 인쇄는 글을 옮겨 적는 데 더 뛰어난, 다시 말해 더 정확하고 빠르고 확실한 방법의 좋은 예로 받아들여졌다. 인쇄로 인해 뭔가 새로운 것이 다가왔다는 데에는 40년 전 체이터(1945)가, 그로부터 13년 뒤 페브르·마르탱(1958)이 주목했다. 매클루언(1962)은 '단선적 사고'가 도입됐다는 표현을 사용하여 이 새로운 것에 대한 자신의 생각을 극적으로 나타냈다. 아이젠스타인(1979)이 그 뒤를 이어 두 권의 대작을 내놓으면서 인쇄의 사회·정치적 효과를 탐구했으나, "인쇄가 의식에 미치는 더 미묘한 효과"(옹 1982, 118쪽)에는 그다지 관심을 기울이지 않았다. 한편 해럴드 이니스는 윤전 인쇄기의 효과를 분석하면서 이 문제에는 사회·정치적 차원과 관념적 차원이 모두 있다는 것을 알아차렸다.(이니스 1951; 앞의 1장도 참조) 어떤 형태로든 인쇄되어 증식한 글은 그나마 남아 있는 '말을 할' 능력마저 박탈당하고 있었을까?

그것을 말에 강요된 어떤 것, 입으로 하는 말에 적대적일지도 모르는 어떤 것으로 보는 관점이 '구성주의자'와 '해체주의자'라 불리는 양측 모두가 최근 내놓은 연구의 발판이 됐다. 자크 데리다(1967)는 사실상 다음과 같이 질문한다. (인쇄된) 글이 진정으로 말을 할 수 있을까? 그러고는 그러지 못한다고 힘주어 답한다. 그의 연구는 바르트, 라캉, 푸코가 여러 맥락에서 이미 말한 것 몇 가지를 상기시킨다.(옹 1982, 165쪽; 하트먼 1981 참조) 그러나 무엇보다도 눈에 띄는 것은 강박적으로 루소로 돌아가는 태도로서(앞의 5장 참조), 데리다는 그를 품기도 하고 밀어내기도 한다. 그는 루소는 언어가 글로 환원되는 '대이변'의 진정한 근원을 인식하는 데 실패했다고 본다. '내면적' 의식이 밖으로 끌려나와 사실상 파괴됐다. 데리다가 내놓는 언어학적 논거 이면에서는 프로이트의 억양이 느껴지는데, 이 부분은 우리 이야기와는 무관하다.

데리다에게는 루소에게 영감을 준 낭만적 성향이 신화의 구조주의는 인간이 경험하는 현실의 근본적 표현이라는 레비스트로스의 인식 안에도 남았음을 강조한 공로가 있다. 그러나 데리다는 선배보다 한 걸음 더 나아가, 자신의 시야를 더 넓혀 근원적 열쇠가 되는 저 '원시 구술성'을 이해했을까?

그리스도교 이전 고대로부터 전해지는 모세오경처럼 고대 그리스로부터 전해지는 글 중 구술성의 본질을 특히 많이 보존하고 있을 것 같은 글은 두 편으로 최종 압축된다.

"다른 이들은 우리의 평가를 받습니다. 그대는 거기 해당되지 않습니다."* 이 익숙한 시구는 진부하지만 그렇다고 거기 담긴 진실이 줄어들지는 않는다. 그러나 호메로스가 이렇듯 거기 해당되지 않는 진정한 비결은 무엇이었을까? 이 두 편의 글은 정말로 '말을 하는' 걸까? 18세기에는 호메로스가 문자의 도움 없이 시를 짓고 읊었다고 인식했다. 이 인식은 프리드리히 볼프Friedrich Wolf가 『호메로스 서설*Prolegomena ad Homerum*』(1795)을 출간하면서 문헌학에 들어왔고 이후 문헌학에서 얻은 약간의 혜안으로 뒷받침됐다. 그럼에도 불구하고 다음과 같은 질문을 던지지 않을 수 없었다. 문자 없이 시를 짓는 방식은 문자로 시를 짓는 방식과 어렴풋이 비슷한 것이 아니라, 글을 쓸 때 동원되는 어떤 표현 양식과도 다른, 말로 된 그 자체의 표현 양식을 동원해야 하는 하나의 기예가 되지 않았을까? 사실은 언어를 사용하는 완전히 다른 방식은 아니었을까?

버클리 캘리포니아대학의 젊은 미국인 학자가 이 질문을 캐고 들어가 처음으로 이치에 닿는 대답을 내놓았다. 밀먼 패리는 『일리아스』와 『오디세이아』의 본문을 검토하여, 고유명사에 첨부된 관용표현 수식어†에서 꾸준히 반복되는 소리 운율을 발견했다. 확실히 이것은 문자의 도움 없이 구술로 시를 지을 때 쓰는 기법이었다. 이 발견의 요지는 패리가 제출한 석사 학위 논문에 수록됐다. 논문은 통과됐지만 그는 버클리의 고전학과에는 자신

* 원문은 "Others abide our question. Thou art free." 영국의 시인 매슈 아널드Matthew Arnold(1822~1888)가 지은 시 「셰익스피어Shakespeare」(1849)의 첫 줄이며, 다른 시인들은 평가 대상이지만 셰익스피어는 평가를 초월한다는 뜻을 담고 있다. 물론 여기서는 셰익스피어가 아니라 호메로스를 가리키고 있다.

† 호메로스 시에서 수식어epithet는 인물이나 사물(고유명사)을 언급할 때 대상별로 상투적으로 붙이는 형용어구를 말한다. 예컨대 헥토르는 '빛나는 투구의', 아가멤논은 '넓은 땅을 다스리는', 트로이아는 '탑이 즐비한', 아킬레우스는 '발이 빠른'이라는 말로 수식하는 식이다.

의 미래가 있을 것 같지 않다는 사실을 깨달아야 했다. 취리히에서 박사 과정을 밟을 때 상대성에 관한 자신의 첫번째 논문을 제출하지 않고 일상적인 연구 결과를 대신 제출하는 조심성을 발휘한 아인슈타인 같은 처세술이 그에게는 없었다. 고전학이라는 눈으로 볼 때 호메로스는 글이자 문학 작품이었다. 패리는 파리로 떠났고, 거기서 그것을 손질하고 확장한 논문 『호메로스에 나오는 전통적 수식어 *L'épithète traditionnelle dans Homère*』(1928)가 우리가 익히 아는 형태로 출간됐다. 당시 파리가 그처럼 우호적이었다는 사실은 뤼시앵 레비브륄Lucien Lévy-Bruhl, 레비스트로스, 마르셀 주스Marcel Jousse, 뤼시앵 페브르Lucien Febvre와 앙리장 마르탱Henri-Jean Martin 등 많은 (감히 이름을 붙여보자면) '구술주의 선구자'들의 국적을 보면 이해가 갈 것이다. 사실 프랑스 언어학 안에서도 똑같이 구술주의에 공감하는 기류가 눈에 띄었다. 패리가 그곳으로 이주할 때 영향을 준 것은 앙투안 메이예Antoine Meillet가 거기 있다는 사실이었다.

전통적으로 포용 폭이 넓은 하버드는 (이제 조교수가 된) 패리가 자신의 논제를 경험적으로 검증하기 위해 유고슬라비아의 시골 지역을 찾아가 그곳에 살아남아 있는 구술시를 그대로 녹음하는 작업을 기꺼이 지원해주었다. 이런 노력은 사변적 방법보다 경험적 연구 방법을 선호하는 당시 고전학자들의 성향에 매력적으로 다가가기는 했지만, 학계가 최근 '강경한 패리주의'라는 호칭이 붙은 입장과 타협하지 않을 수 없게 된 것은 틀림없이 바로 이 연구 때문이었다. 사실 이것은 호메로스를 '문학'으로 취급하기를 고수하는 쪽의 본문주의 학자들이 얼마나 편향돼 있는지를 알 수 있는 바보 같은 호칭이다.

그러므로 이것은 고대로부터 전해져 내려온 '글'이면서, 그럼에도 불구하고 전체적으로 볼 때 성서가 전체적으로 할 수 없는 방식으로 '말을 할' 수 있는 글이었다. 그 밖에도 이와 비슷한 글이 또 있을까? 예를 들면 『베오울프』라든가? (로드 1960)

패리가 그 이후 쓴 글과 논문은 그의 아들이 호메로스 문제의 긴 역사를 광범위하게 소개하고 비평하는 머리말과 아울러 한 권의 책으로 모았는데(A. 패리 1971), 그 글들을 보면 시간이 더 있었다면 그는 구술로 시구를 지을 때의 음향 작용을 넘어 구술적 마음 상태와 구술적 문화 조건이라 할 만한 것까지 고찰했을 가능성이 있다는 것을 알 수 있다. 그의 제자이자 조수 앨버트 로드Albert Lord는 호메로스의 (그리고 유고슬라비아의) 노래 내용이 관용표현 성격을 띤다는 점에 주목함으로써 패리의 구술 관용표현 분석을 보충하면서, 여러 가지 전형적 주제와 이야기가 서사에 미치는 지배력을 짚어내는 것으로 만족하고 있다.(로드 1960) 논의는 대체로 표현 양식이라는 맥락 내에 머무른다. 이 시들은 구술이라는 나름의 표현 양식을 갖추고 있지만 여전히 '문학'이다. 이 역설은 하버드에서 「패리 컬렉션」을 소장하고 있는 연구소에 붙은 '구술 문학 연구센터'라는 이름에도 남아 있다.

그럼에도 불구하고 로드는 문자를 사용하게 된 발칸 지역 어느 가수는 구술 능력이 금세 오염됐다는 사실과, 구술시를 현대어 특히 이탈리아어로 세련되게 개작하거나 모방한 것은 진짜가 아니라는 사실을 강조했다. 현대라는 상황에서 깨달은 이 교훈을 제프리 커크가 『호메로스의 노래*Songs of Homer*』(1962)와 뒤이어 내놓은 출판물에서 고대에다 적용했다. 커크는 그리스어로 구술 작품을 짓는 행위는 문자라는 수단을 이용하기 시작했을 때 곧장 손상되고 오염됐다고 주장했다. 이 때문에 호메로스 이후 그리스 '문학'에서 진정한 구술성이 보존될 가능성은 아예 사라졌다.

그가 볼 때 『일리아스』와 『오디세이아』는 전적으로 구술이지만 또한 '기념비적 작가'의 작품으로서 '기념비적'이기도 하다. 기념비라는 은유는 소리를 전달하는 공기만큼이나 가벼운 소리의 음송이라기보다 물리적이고 가시적인 물체(읽을 수 있는 커다란 책)를 암시하고 있으므로, 구술성을 찾아내려는 모든 연구에

스며들어 있는 앞서 말한 역설을 해결하기 위한 방법은 여전히 찾아내지 못하고 있다.

7 저장된 말

지금까지 살펴본 여러 유파가 간접적으로 인지한 구술성은 개인과 개인 사이에서 또는 개인과 (그 시대) 청중 사이에서 오고가는 종류의 구술성이었다. 글과 그 독자의 관계에 대한 관점 역시 마찬가지였다. 다만 인쇄된 글이 사회적 효과를 발휘한다는 점은 비교적 쉽게 인식됐다. 글과 책 이면에 있는 '원재료'인 언어 자체는 '사람 간' 소통을 위한 수단으로 규정된다. 따라서 그것이 어떤 종류든 문자로 옮겨 가면서 나타나는 문제는 심리적인 것이 된다. 구조주의에서 말하는 이항대립조차도 보편적이라고 단언하고는 있지만 신화 창조자의 의식 속에 숨어 있는 채로 나타난다.

그렇지만 언어는 본래 집단 활동이며, 언어 규칙은 규모가 어떻든 집단 또는 사회가 전체적으로 공유하고 나서야 그 사회에 속하는 개인들이 무엇이든 그 '의미'를 활용할 수 있게 된다. 따라서 말이라는 것은 개인으로서 개인적 관심사를 말하고 있다고 생각하는 사람들이 입에 올리는 것이 분명한 반면, 말의 일차적 기능은 집난의 복적에 부합한다는 것일 가능성이 높다. 구술학자를 비롯하여 사람들은 구술의 내용물을 '전통'과 결부시킬 때 이 사실을 어렴풋하게만 인지했다. '전통'을 신화와 전설을 담는 일종의 저장고라고 이해하면서도 그것이 무엇인지 또는 어떻게 작용하는지에 대한 명확한 인식은 없었다. 그것은 융이 생각한 종류의 집단적 의식의 산물일까, 아니면 예컨대 미케네인 같은 사람들 특유의 역사적 기억의 산물일까?

구술로 전해지든 문자로 전해지든 '전통'이 실제로 무엇일지에 관해 더 설득력을 갖춘 정제된 생각을 내놓은 연구로는 에른스트 마이어의 『동물 종과 진화』(1963)가 있다. 앞서 3장에서 말한 '획기적' 연구 다섯 편 중 살펴보지 않고 남겨둔 하나다. 전체적으로 이 책의 목적은 생물학적 진화를 설명하는 것이다. 그러나 일종의 부록 같은 부분에서 마이어는 문화적 진화라 칭할 만한 과정에 대해 고찰하는데, (마이어 본인은 이 표현을 피하고 있지만) 문화적 진화란 인간 사회를 만들어내기 위해 우리 인류가 스스로 발전을 이끌어내는 과정을 말한다.(같은 책, 20장 「생물 종으로 본 인간」) 이 과정이 일어나는 방식, 그 작용 방식은 유전학 모델을 빌려와 설명할 수 있다. 유전자는 생물 '정보'(636쪽)를 담도록 되어 있는데, 이 정보는 실제로 두 부모가 결합함으로써 자식에게 전달되어 특유의 정체성이 지속되게 만든다. 인간은 가시나무로부터 포도를 따지 않고 엉겅퀴로부터 무화과를 따지 않는다. 그렇지만 이 정보는 하나의 집단, 하나의 종으로서 누적된 것으로서 개인들이 공유하는 공동의 것이다. 돌연변이가 진화에 유효하려면 공유되는 돌연변이라야 한다.

'정보'라는 용어는 인간 문화에서 쓰는 말을 빌려와 역으로 유전적 과정에 적용시킨 은유에 해당된다. 따라서 어떤 관점에서는 문화적 누적('열린' 프로그램, 636쪽*)을 유전적 누적이라는 유비를 가지고 설명할 수 있지만, 다른 관점에서는 유전적 진화를 문화적 진화라는 유비를 가지고 설명할 수 있다. 우리의 논의에서 볼 때 마이어의 설명에서 핵심 요소는 재사용을 위한 정보가 인간

* 이 부분에서 마이어는 '닫힌' 프로그램과 '열린' 프로그램을 구별한다. 짐작할 수 있듯이 닫힌 프로그램은 더이상 새로운 정보를 담을 수 없는 상태를, 열린 프로그램은 새로운 정보를 받아들일 수 있는 상태를 가리킨다.

의 언어 안에 누적되고 저장되는 작용이 맡는 역할이다. 이 생각은 줄리언 헉슬리Julian Huxley를 비롯하여 이미 여러 사람이 내놓은 바 있다. 구술 자체와 마찬가지로 이것은 때가 무르익은 생각이었다. 마이어의 책 마지막 장이 나머지 네 가지 '획기적' 연구와 시기적으로 비슷하게 나왔다는 것은 다행한 우연의 일치이며, 연관성이 있다는 어떤 인식이 있었기 때문은 아니다.

그다음에 깨닫게 되는 것은 '정보'와 '저장'이라는 용어는—'재사용'이라는 용어도(해블록 1984, 109, 110, 186쪽)—저장되고 재사용되는 대상이 유형물이라는 뜻을 은연중 암시하고 있다는 사실이다. 따라서 그 안에 포함되어 있는 언어 역시 어떻든 유형물일 수밖에 없다. 그것이 문자로 적힐 때, 문서화될 때 그렇게 될 수 있다. 똑같은 전제가 예컨대 '법률'처럼 문화가 '준수하는' (즉 사용하고 재사용하는) 종류의 정보를 묘사할 때 사용하는 '부호' '부호화' '성문화' '각인' 등의 낱말 이면에 자리잡고 있다.

전체적 전제는 문명이 그 이름값을 하려면 어떤 종류든 필서를 바탕으로 해야 하고 어느 정도 문자 기반의 문명이라야 한다는 것이다. 고전학자를 비롯하여 이런 문제를 생각해본 전문가는 여전히 대부분 이와 같은 관점을 지니고 있을 것이다. 일반인은 확실히 그렇다. 페루의 잉카 같은 어떤 고등한 문명이 전적으로 비문자 기반이라는 사실을 알게 될 때, 나름의 예술과 건축과 정치제도를 갖춘 문명사회가 반드시 문자에 의존해야만 존재할 수 있는 것은 아니라는 교훈을 거기서 얻을 수 있는데도 조용히 무시하고 지나간다.

한편에는 언어의 저장고를 통해 문화적 정체성을 보존할 필요가 있다는 사실을, 또 한편에는 옛 시대 문화는 구술적 성격을 띠고 있다는 사실을 놓고 둘을 나란히 들여다보면 다음과 같은 의문이 떠오른다. 그러면 구술성은 재사용을 위해 자신의 정보를 어떻게 저장할 수 있을까? 자신의 정체성을 어떻게 보존할 수 있을까? 구술성은 문자의 도움 없이 문화를 뒷받침할 수 있으므로, 훗날 문자가 제공하는 유형물의 기능 즉 살아남을 수 있는 언어 정보를 공급한다는 기능은 어떻게 작용할까?

『플라톤 서설』은 이 문제를 고찰한 최초의 연구이기는 하지만 마이어의 연구와 같은 시기에야 출간됐고, 그래서 재사용을 위한 저장소가 구체화된 관용표현의 도움을 활용할 수 없었다. 그렇지만 『플라톤 서설』은 본질적으로 그것과 일치하는, 다시 말해 '구술 백과사전'이라는 나름의 은유를 제안했다.(해블록 1963, 319쪽) 이 역시 역설이 그 모습을 드러낸 사례다. 문서화된 방대한 규모의 자료를 가리키는 말을 가져와 문서화되지 않은 현상을 나타내는 은유로 사용했기 때문이다.

이 생각이 형태를 갖추도록 자극을 준 여러 실마리는 호메로스와 그 뒤를 이은 헤시오도스라는 두 사람의 글 자체에서 가져왔다.(플라톤 등 그 이후 그리스인 권위자들이 호메로스를 두고 한 말에서 도움을 받았다.) 헤시오도스는 자신이 생각하는 뮤즈들의 역할에 대해 말했는데, 그들의 발설은 그가 중요하다고 여긴 그의 시대 언어가 구체화된 것이었다. 그들은 (신들의 기나긴 족보를 그려내는 작업에 바치는 시 『신들의 계보』답게) 신들을 찬양할 뿐 아니라 '모두의 노모이νομοί와 에테아ἤθεα'도 기린다.* 두 명사 모두 구술이 지배하는 사회의 어휘에 속하며, 이와 같은 용법에서 나타내는 의미는 현대어 낱말 하나로 옮기기가 불가능하지만 '관습-법'과 '민속-방식'으로 의역이 가능하다. 에테아는 케드나κεδνὰ라는 수식어를 달고 다니는데, 이것은 '조심스러운'과 '소중히 간직된'이라는 서로 모순되는 의미가 결합된 뜻을 담고 있다.

그런데 여기서 말하는 '모두'는 누구일까? 인류일까, 아니면

* 『신들의 계보』 65~67번째 줄. "그리고 그들은 그 입술을 통해 사랑스러운 목소리로 모두의 관습-법과 신들의 민속-방식을 노래한다네."

그다음 육보격에서 암시하는 것처럼 신들일까? 구술에 맞춰 결합된 이 두 육보격은 그 의미가 더없이 모호하다. '민속-방식'은 조심스럽기도 하고 소중히 간직되기도 하므로, 인간 사회가 육성하기도 하고 육성되기도 하는 우리의 '전통'에 해당된다. 그러나 전통은 또 신의 권위로 인준을 받아 신성해지는데, 이것은 신의 권위가 전통의 지배를 받는지 여부와는 무관하다.(최근 어느 연구에서 이 어려움에 주목했다. 웨스트 1966, 178쪽 참조.)*

우리가 대개 영감과 오락 목적이라 생각하고 또 실제로 헤시오도스가 오락적이라며 찬양하는 시를 묘사하는 데 이처럼 사회적 기능을 나타내는 관용표현이 사용된 것은 예상을 벗어나 보인다. 이것은 그가 뮤즈들을 처음 소개할 때 그들에게 맡기고 시인에게 전한 '가르침'의 구체적 내용과 일치한다. 즉, 시인이 할 일은 "앞으로 존재하고 이전에 존재한 것들"†을 기리는 것으로, 이 관용표현은 뮤즈들 자신의 입을 통하면서 "지금 존재하고 앞으로 존재할, 또 이전에 존재한 것들"‡로 확장되는데, 이것은 현재의 전통이 과거로 확장되고 미래로 확장될 것을 기대한다는 뜻을 암시한다. 과거와 현재와 미래를 묘사하는 이 관용구는 이 세 가지 시대가 다르다는 것이 아니라 같다는 것을 가리키고 있다.

호메로스의 글에 담긴 내용과 비교할 때 헤시오도스가 넣어둔 이런 실마리는 이상해 보이지 않았는데, 호메로스의 서사에는 제의화한, 즉 관용표현으로 묘사될 뿐 아니라 주어진 상황에서 사회가 어김없이 행동하는 전형적 방식이라고 제시되는 상황과 장면과 행위가 관련되는 부분이 너무나 많다는 뜻에서 그렇다. 우리가 '등장인물'이라고 생각하는 개개의 인물은 자신의 목적을 표

* 웨스트는 고대 그리스의 문헌에서 신들의 에테아가 언제나 케드나인 것은 결코 아니라고 강조한다.

† 『신들의 계보』 32번째 줄.

‡ 『신들의 계보』 38번째 줄.

현할 때 전형적 용어를 동원하고 사회가 공유하는 정서가 실린 언어를 사용한다.(해블록 1963, 67~86쪽) 그들이 지나치게 독창적이고 엉뚱해지면 그것은 독특함을 넘어 공유된 정서를 위배하는 것이 된다.(해블록 1978a, 19~22쪽) 로드(1960)가 주목한 바에 따르면 서사시의 주제가 되는 내용은 대부분 사회-정치적 맥락 안에서 일어나는 것으로 나타난다. 즉 집회를 갖는다든가, 집단적 결정을 내린다든가, 연회를 연다든가, 전투를 앞두고 무장한다든가, 상대에게 정식으로 도전한다든가, 장례식을 준비한다든가, 나아가 항해, 조선, 집짓기 등 기술적 활동을 하는 때조차도 지켜야 하는 절차와 규칙을 되풀이하여 상기하고 조목조목 나열하는 것이다. 이렇게 나열되는 목록에는 끝이 없다. 구송시인의 솜씨 덕분에 서사가 빛나다보니 서사 자체가 더 우선한다고 우리가 상상하고 있을 뿐이다. 증거가 그러하기 때문에 『플라톤 서설』에서 호메로스의 서사시가 지니는 의도는 두 갈래였다는 결론을 내리게 됐다. 한편으로는 오락적 목적을 지니고 있었다. 즉, 호메로스의 시는 즐거움을 주기 위해 고안된 기예의 산물이었다. 이쪽이 현대에 이 시를 평가할 때 더 선호해온 범주이며, 대개 이유는 알 수 없지만 오락성이 높다는 평가를 덧붙인다. 또 한편으로 이 시는 기능적으로 보이기도 해야 했다. 시가 지어진 때의 그리스 문화 전통에 해당되는 사회적 습관과 관습-법과 관례의 '백과사전'을 보존하기 위한 방법인 것이다. 『플라톤 서설』에 이어 내놓은 두 편의 논문에서 문화적 연속성에 관한 마이어의 설명을 참조하여 이 분석을 뒷받침할 수 있었다.(해블록 1978a와 1982a) 호메로스의 언어는 보존을 위해 구술로 고안해낸 저장 언어였다.

동시대 그리스인을 위해 보존 목적의 구두 언어를 고안하는 일과 그렇게 보존된 내용을 우리에게 전달하는 수단을 고안하는 일은 서로 별개였다. 후자의 임무는 그리스 알파벳이 떠맡았다. 바로 이 도구 덕분에 구술 자체를 판단하는 재료가 될 정보, 부호,

문화 저장소 등의 개념이 형성될 수 있었다. 확실히 인간이 이용하는 모든 소통 체계 중 그리스 알파벳은 효율적이면서 널리 퍼졌다는 점에서 역사적으로 독특한 것으로 드러났다. 『플라톤 서설』에서는 이 알파벳이 뛰어나게 효율적이라는 암시를 주었으나 (129쪽, 하우스홀더 1959를 인용) 암시에 그쳤다. 저자는 아직 이그너스 겔브Ignace Gelb의 『문자의 원리*A Study of Writing*』(1952)를 읽지 않은 때였다. 겔브는 이 연구에서 이집트어와 수메르어로부터 그리스어에 이르기까지 알려져 있는 모든 문자 체계의 진화 양상을 탐구하고 분석했지만, 그중에서도 페니키아어를 자세히 다룬 부분이 결정적으로 중요했다. 그리스 문자 직전에 해당하는 페니키아 문자는 그 종류 중에서도 가장 발전된 것이었고 지금도 대개(부정확하기는 하지만) '알파벳'이라 불린다. 두 민족은 소아시아에서 이웃 관계였으므로 그리스인은 페니키아 문자의 이름과 모양뿐 아니라 그 '음가'도 일부 빌려올 수 있었다. 그러나 둘 사이에는 결정적 차이가 하나 있었다. 겔브는 페니키아 문자 체계에 '발성되지 않는 음절문자'라는 용어를 적용했다. 용어 자체로 보면 모순적인데, '음절'은 정의상 발성을 포함하고 있는 것으로 보이기 때문이다.

근동 지역의 문자 기술(또는 과학?)은 수천 년에 걸쳐 음가를 지니는 기호를 발명하는 쪽으로 천천히 변화했다. 음가란 초기 이집트 그림문자가 나타내는 생김샛값과는 구별되는 소릿값을 말한다. 이 방향으로 변화한 끝에 입으로 하는 말의 음절을 구분하여 거기에 '글자'를 배당하기에 이르렀다. 음절은 가짓수가 엄청나게 많고, 그에 따른 기호 체계는 암기하기 어렵고 사용하기 성가셨다.

페니키아인은 효율을 추구하다가 그것을 짤막하게 줄인 기호를 발명하여 음절문자의 수를 줄였다. 여러 가지 음절을 종류별로 묶고 각 묶음에다 그 묶음에 공통되는 첫소리 '자음'을 나타내는 기호를 할당하는 방법이었다.(겔브 1952, 148~149쪽, 「서부 셈어 음절문자」 부분) 예를 들면 '카 케 키 코 쿠'라는 묶음의 다섯 소리는 모두 ㅋ이라는 기호로 나타내는 것이다. 이 기호는 자음으로 대표되는 묶음을 나타내지만 따로 떼어낸 자음 ㅋ을 가리키지는 않았다. 따라서 이 문자 체계를 사용하여 읽는 사람은 읽으면서 그 글자가 다섯 가지 (또는 그 언어가 사용하는 모음의 수와 종류가 얼마이든 그 수만큼) 소리 중 어느 것을 나타내는지를 스스로 판단해야 했다. 명확성을 크게 희생하는 대신 (그런 '알파벳'의 이름은 쉽게 암기할 것이므로) 효율을 크게 높인 것이다.

그리스 이전 문자 체계가 음절 이상으로 나아가지 못한 이유는 쉽게 알 수 있다. 이 언어학적 소리 '조각'은 실제로 발음이 가능하며 따라서 경험적으로 인식 가능하다. 엄밀히 정의하면 자음은 그 자체로는 '무음'이고 '묵음'이며 '발음 불가능'하다.(아포나ἄφωνα, 아프통가ἄφθογγα—플라톤이 사용한 용어이며, 그는 그 이전의 용어를 빌려왔다고 말한다.*) 그리스 문자 체계는 경험적으로 인식해야 하는 수준을 넘어섰는데, 음절에 포함된 발음 불가능하고 인식 불가능한 요소를 추상화함으로써 가능했다. 오늘날에는 이런 요소들을 '자음'(쉼-포나σύμφωνα—'함께 소리 나는' 요소이기 때문에 아포나를 대신하는 더 정확한 그리스어 용어)이라 부른다. 자음이 만들어지면서 언어학적 소리 중 발음 불가능한 요소가 분리돼 거기에 시각적 정체성이 부여됐다. 흔히 그리스인은 '모음을 추가'했다고 오해하지만(메소포타미아의 쐐기문자와 선형문자 B†에 모음 기호가 이미 등장했다) 사실 그리스인이 한 일

* 헤라클레이토스가 만든 용어로 알려져 있다. 각각 '무성음'과 '유성음'을 가리킨다.

† 선형문자 B Linear B는 오늘날 그 기록이 전해지는 가장 오래된 형태의 '그리스어'인 미케네 그리스어를 적는 데 사용된 음절문자로서, 가장 오래된 기록은 기원전 15세기로 거슬러올라간다. 선형문자 B는 선형문자 A에서 유래했는데, 전자는 해독된 반면 후자는 아직 해독되지 않았다.

은 (순수) 자음을 발명한 것이다. 이리하여 이들은 우리 인류에게 사상 처음으로 언어학적 소리를 경제적이면서도 포괄적으로 나타내는 시각적 표시를 제공해주었다. 즉, 무한히 다양하게 조합함으로써 실제로 사용되는 어떤 언어학적 소리라도 어느 정도 정확하게 묘사할 수 있는 기본 요소들의 일람표를 만들어낸 것이다. 이 발명 덕분에 이전의 구술성을 고스란히 재현하도록 완벽하게 구성된 최초이자 최후의 도구도 제공됐다.

바로 이것이 겔브의 분석을 바탕으로 최종적으로 내놓은 논거였다.(해블록 1976; 1982a에 재수록) 구술성과 구술의 완전한 재발견은 그리스 알파벳의 역할을 '재-발견'하는 작업과 분리할 수 없을 정도로 서로 얽혀 있다는 결론이 날지도 모른다. 그러나 그 역할을 완전히 이해할 수 있으려면 한 가지 장애 조건을 극복해야 하는데, 그것은 학자든 일반인이든 똑같이 페니키아와 그리스 문자 체계 사이의 차이점을 제대로 인정할 마음이 없다는 사실이다. 이런 태도는 겔브에 뒤이어 데이비드 디린저David Diringer가 『알파벳—인류사를 풀어내는 열쇠 *The Alphabet: A Key to the History of Mankind*』(1953)를 내놓았을 때 크게 강화됐다. 두 권으로 이루어진 이 연구는 독자들에게 널리 읽혔다. 이 책은 페니키아어를 포함하는(현재 우리가 가지고 있는 증거만으로는 정확한 계통 관계를 짚어내기가 어렵다) 북부 셈어 문자 체계는 말 그대로 진정한 '알파벳'이라는 관점을 뒷받침하는 데 주력했다. 그리스 문자 체계는 '개작' 또는 '개량'이었을 뿐 비약적인 기술 발전이 아니라고 본 것이다.

만일 비약적 발전이라는 명제를 받아들인다면 특히 마르셀 주스(앞 5장 참조)가 중동 지역에 지금도 살아 있다고 인식한 모호한 종류의 구술이 설명된다. '모호하다'고 말하는 이유는 그것이 존재하는 사회가 필서를 사용하고 있고 지금은 인쇄를 사용하고 있는 만큼 문자 사회에 속한다고 할 수 있기 때문이다. 그러나 만일 이 문자 체계들(아라비아 문자, 산스크리트 문자)이 그리스 이전의 셈어 문자에서 파생된 만큼 원래의 문자 체계처럼 전문가라야 제대로 발음을 해석할 수 있는 모호한 부분을 여전히 가지고 있다면, 대다수 인구 가운데 구술이 살아남아 있는 현상이 설명 가능해진다.

18세기부터 시작하여 현대기에 구술성을 발견해온 역사를 살펴본 끝에 우리는 그리스 시대로 돌아가게 된다. 만일 원시 구술성이 작용한 방식을 시각적으로 적절히 표현하는 것이 가능하다면 그것을 찾아낼 곳은 그들이 발명한 문자이다. 그리스어 안에는 진정으로 '말을 하는' 글이 있다. 그 글이 처음으로 말하는 것은 저장을 위해 음향으로 형성된 언어로서, 소통을 보존한 언어이자 '유용한' 구술 정보 덩어리일 가능성이 높다. 그와 동시에, 구술로 저장해둔 구술 정보보다 무한히 더 효율적인 새로운 저장 수단 역시 알파벳이라는 도구에서 발견됐다. 말한 것을 다시 떠올리는 용도로 시각을 활용(호메로스)하던 것이 시각을 활용하여 글의 담화를 발명(투키디데스, 플라톤)하는 용도로 바뀌었고, 이로써 구술성은 폐물이 되는 것처럼 보였다. 이것은 실로 변증법적 과정이자 탈바꿈이라는 역설이었다. 노래하는 뮤즈가 스스로 필자로 변화한다. 지금까지는 들을 사람이 필요했지만 이제 청중에게 읽기를 권한다. 뮤즈에게 두 가지 역할 모두를 부여하는 데에는 정당한 이유가 있다. 알파벳은 뮤즈의 노래가 여전히 지고의 위치에 있을 때 뮤즈의 보호 아래 발명되지 않았던가. 우리는 뮤즈가 알파벳이 발명되는 과정에서 기여한 공로, 그리고 알파벳 사용 능력을 스스로 갖춘 공로를 부정해야 할까?

8 원시 구술성에 관한 일반 이론

우리가 일상적 일을 할 때 말하는 언어는 우리 삶에서 너무나 보편적인 부분이기 때문에 대개는 그것에 대해 생각하지 않는다. 관심을 기울인다 해도 가장 먼저 떠오르는 생각은 우리가 담화하며 서로 주고받는 말에 집중된다. 시야를 넓혀 한 개인이 집단이나 청중과 입으로 주고받는 말을 그 언어에 포함시킬 수 있고, 더 나아가 필자가 다른 사람이 들을 수 있게가 아니라 읽을 수 있게끔 자신의 말을 적어나가는 것을 소리 없이 말하는 것이라고 생각할 수 있다. 더욱 확장하면 그것은 내가 텔레비전을 보거나 라디오를 들을 때 나에게 말하는 전자 매체가 될 수 있다. 여전히 그것은 주어진 어느 순간 확성 장치를 통해 한 개인인 나에게 말하는 (물론 합창단이 노래를 부르고 있는 게 아니라면) 다른 개인의 목소리이다.

이런 식으로 사용될 때 언어는 사람 간 소통 수단으로 작동하는 현상이다. 전자적electronic 차원에서도 그것은 여전히 하나의 '담화 쇼(토크 쇼)'이다. 인류가 처음 시작된 때부터 사람 간 소통은 같은 곳에 거주하는 가족 구성원 사이에서, 또는 어떤 공공 영역이라든가 아니면 사회가 진화함에 따라 시의회나 위원회나 국회 등 어떤 형식으로든 모임에서 만난 둘 이상 사람들 사이에서 일어나는 일이었다. 상당히 최근에 이르러 사람 간 소통이 기술적으로 확장되어 거리 장애를 극복한 것을 지금 우리는 당연히 생활 혁명으로 보고 있고, 이로 인해 소통 개념을 중심으로 하는 이론이 매우 많이 생겨났을 뿐 아니라 관련 연구소까지 여기저기 만들어졌다. 심지어 소통 자체를 다루는 '통신 산업'이라는 것까지 있다.

이처럼 계획되지 않은 대화 언어의 뛰어난 점은 그 표현력에 있다. 그것은 즉각적 감각과 인상과 느낌을 개인 대 개인으로 말할 수 있는 능력이며, 공동체 안에서 느끼는 사회적 양식이자 방식이자 발상이기도 하다. 그것은 놀라울 정도로 유연하고 유동적이며 이제까지 내내 그래왔다. 그것이 담화이다. 이것이 구술성에 관한 이론을 세울 때 구술학자가 보통 생각하는 종류의 언어이다. 이것이 본문주의자가 본문성의 반대 개념을 떠올릴 때 보통 생각하는 종류의 언어이다. 따지고 보면 한 사람의 입에서 다른 사람의 귀를 향해 나오고 그에 대한 개인의 자연스러운 답변을 자기 귀로 듣는 것이 구술성이 아니고 무엇일까? 여기에 소통의 핵심이 있는 것은 확실하다. 그것은 다채롭고 유연하며, 표정이 풍부하고, 순간적이며, 자연스러운 오고 감의 과정이다.

구술성에 관한 일반 이론은 부차적으로라면 몰라도 이런 종류의 언어를 다룰 수도 없고 다루어서도 안 된다. 그 이유의 실마리는 '순간적'이라는 낱말 안에 들어 있다. 구술에 관한 이론은 순간적으로 자연스레 일어나는 형태의 소통이 아니라 영속적 형태로 보존되는 소통을 다루어야 한다. 우리는 우리 교과서에, 우리 법률에, 우리 종교의 경전에, 우리 기술에, 우리의 역사, 철학, 문학에 존재하는 이런 영속적 형태에 익숙해진다. 우리는 학교를 다니는 동안 그 일부분과 접촉하게 된다. 어른이 되면 어른의 일을 하면서 그 자세한 부분은 잊어버릴 수 있지만 그럼에도 그것은 우리 마음 뒤편에 자리잡고 있다. 당연한 것으로 받아들인 가르침 덩어리이자, 인간으로서, 또는 구체적으로 미국이라든가 여타 국적의 인간으로서 우리가 하는 행동의 기반을 이룬다. 이 가르침 덩어리는 첨삭되면서 내용이 변화하지만 그 속도는 느리다. 그 기초는 영구적이거나 적어도 보기에는 영구적이다. 그것은 그 상태 그대로 유지되는데, 저절로 우러나는 유동적 언어가 아니라 필서로, 또 구텐베르크 이후로는 인쇄된 문자로 존재한다는 사실 자체에 의해 영구불변하게 고정된 움직이지 않는 언어로 기록되어 문서화됐기 때문이다.

물론 그것은 우리의 일상 담화에 끼어들 수 있고 또 종종 실제로 끼어든다. 진지한 주제를 논하다보면 그 용어, 그 어휘, 그 발상을 반드시 사용하게 된다. 그것은 우리가 무심결에 주고받는 대화에 너무나도 쉽게 끼어들기 때문에 무심결이 되지 않는 때에도 보통은 그 차이를 생각하지 않는다. 그러나 그 차이는 분명히 있다. 두 어투는 하나로 엮여 있으나 각기 뛰어난 부분은 다르다. 하나는 즉각적 소통을 위해 고안됐고, 다른 하나는 보존되는 엄숙한 소통을 위해 고안됐다.

구술성은 그 정의상 어떤 형태로도 음성 표기를 사용하지 않는 사회를 다룬다. 가장 오래된 유형의 그림문자가 등장하는 이집트 사회는 그림문자를 필서 소통이라는 말에 어울리는 어떤 방식으로도 사용하기가 거의 불가능했고, 이는 부족사회든 시민사회든, 폴리네시아인이든 아메리카인이든 그림문자가 사용됐음을 고고학적으로 입증할 수는 있어도 그 이상은 아닌 어떤 사회에서도 마찬가지이다. 전문가들은 '필서writing'라는 용어를 구별 없이 일상적으로 모든 형태의 기호화를 지칭하는 데 사용하면서, 각기 특유한 별개의 사회 조건인 원시 구술성, 그 후예인 원시 문자성, 기술 문자성, 준문자성, 완전 문자성 사회 사이의 경계가 흐려지게 만드는 데 한몫했다.

중요한 부분은 '원시'라는 낱말인데, 문자적 마음으로는 묘사도 개념적으로 설명하기도 매우 어려운 소통 조건을 요구한다. 거기 관련된 우리의 용어와 은유가 모두 문자성에 속하고, 우리가 당연하게 받아들이는 경험에서 가져온 것이기 때문이다. 문자적 습관과 전제와 언어는 현대적 존재의 씨줄과 날줄이다. 그 차이를 실감하는 한 가지 방법은 원시 구술성에서는 인간관계가 전적으로 음향만으로 결정된다는 (신체적 동작을 시각적으로 인식하여 보충) 사실을 인지하는 것이다. 이런 관계의 심리학 역시 음향적이다. 개인과 그가 속한 사회 간 관계가 음향적이고, 개인과 그의 전통, 그의 법, 그의 정부 간 관계도 마찬가지이다. 확실히 일차적 소통은 미소를 짓거나 찡그리는 등의 몸짓과 함께 시각적으로 시작된다. 그러나 이것으로는 그다지 이뤄지는 게 없다. 인지, 반응, 생각 자체가 일어나는 것은 언어학적 소리와 가락을 듣고 우리 자신이 거기 반응할 때, 들은 것을 바로잡거나 부연하거나 부정하기 위해 우리가 갖가지 소리를 낼 때이다.

이런 종류의 소통 체계는 반향 체계이며, 공기처럼 가볍고 순간에 지나간다. 그런데도 우리는 마치 그것이 특정 공간에서 존재하는 특정 물질인 것처럼 그 성격과 효과 묘사에 열중한다. 그것은 일정한 '양식'과 '부호'와 '주제'와 '기념비적 작품'이 된다. 그것에는 '내용'과 '요지'가 있다. 그것의 행동 방식은 언어학적으로 말해 '문법' 문제가 된다. '문법'이라는 낱말 자체가 애초에 입으로 하는 말이 아니라 문자로 적는 말의 행동 방식에서 생겨났다는 사실이 뚜렷이 드러나는 용어이다. 그 규칙은 우리 뇌 속에 '새겨져' 있다고 말한다. 보존되면 그것은 '정보'가 되고, 그렇게 '포장'되어 마음이라는 창고 안에 '저장'된다.

이런 예를 비롯하여 이와 비슷한 수많은 은유는 오래전부터 언어를 문자로 적힌 것으로 보는 데 익숙해진 문자문화에서 온 것이다. 문자로 적히는 시점부터 언어는 더이상 반향이 아닌 인공물이 된다. 은유는 소통 해석에 필요한 수단이기는 하지만, 이 경우 은유를 지속적으로 사용한다는 사실 자체가 원시 구술성에 대해 생각하고 묘사하는 데는 독특한 어려움이 따른다는 점을 잘 보여준다. 우리 의식 안에 그것을 나타낼 모델이 없는 것이다. 우리의 언어를 사용하여 구술 언어를 묘사할 때 어떻게든 우리는 어떤 원소를 분리해내는 과정을 망칠 수도 있는 불순물이나 이물질을 배제하려고 애쓰는 화학자나 생물학자처럼 통제된 실험 조건을 마음속으로 구성해야 한다. 그러나 우리의 경우에는 그것을 마음속에서만 해낼 수 있다. 그러자면 눈에 보이고 손에 닿는 것에서 가져온 은유의 정체를 알아차려야 하고, 또 꼭 필요한 때에만 사용하고 그로 인한 효과를 확실하게 바로잡아야 한다.

이런 은유를 사용하려는 유혹은 눈에 보이는 유적과 인간 자신을 비롯한 유기체의 화석화된 유체를 조사하여 과거 문화를 재구성하는 고고학 때문에 더 강해진다. 사회의 기능 조건인 구술성은 글로 적히기 전에는 화석화되지 않고, 글로 적히면 더이상 원래의 것이 아니게 된다.

정의상 그것은 더이상 '원시'가 아니다. 이것은 호메로스도, 구약성서 속 여기저기 흩어져 있는 옛 시구 토막도 마찬가지일 수밖에 없다. 후자의 시구, 예컨대 시편의 시구를 보면 구술 규칙과 구술 의도가 남아 있기는 해도 문자를 사용하는 구문 조건 때문에 모두 크게 훼손되어 있다.

그러면 원시 구술성은 본격적 의미에서 경험적 탐구 주제가 될 수 있을까? 묵증*을 바탕으로 그에 관해 어느 정도 추론해낼 수 있다. 잃어버린 문화이지만 물리적 흔적이 광범위하게 남아 있다면 그것을 관찰하여 어떤 필서도 사용하지 않았음을 증명할 수 있을 것이다. 그러고 나면 예컨대 남아 있는 건축물과 도로 체계가 복잡한 정도에 따라 그만큼 복잡한 정치 구조를 띠고 있었을 것으로 생각해볼 수 있다. 그다음에는 그 사회의 소통 체계가 구술이었을 경우 다음처럼 질문할 수 있다. 그런 정치 체계를 유지하고

* 묵증argumentum ex silentio은 어떤 것에 대한 언급이 없다는 사실 자체가 어떤 결론을 뒷받침하는 증거가 되는 것을 말한다.

일상 행정을 뒷받침하는 정보와 지침을 충분히 제공할 수 있으려면 그 소통 체계는 어떤 종류라야 할까? 이에 대한 답을 암시해줄 수 있는 완전한 규모의 문화가 하나 있는 것으로 보이는데 바로 페루의 잉카다. 그렇지만 그들의 경우에는 아직 이 질문이 제기되지도 않았고, 게다가 물리적으로 남은 흔적 자체가 완전히 발굴되지도, 연구되지도 않았다.

일반 이론을 이끌어내려면 문자성이라는 우리의 현재 조건을 바탕으로 추정에 크게 의존하며 상상력을 동원하여 재구성하려는 노력을 기울여야 한다. 우리의 생활 방식에서 유래한 문서를 더이상 사용하지 말고 이렇게 물어야 한다. "우리는 문서 없이 어떻게 살 수 있었을까?" 이것은 기술적 질문이기도 하고 심리적 질문이기도 하다. 우리 자신으로부터 가져올 수 있는 자그마한 증거가 하나 있다. 다섯 살이나 일곱 살이 될 때까지 우리는 문자를 사용하는 어른들이 지배하는 세계를 구술로 접하는 어린이일 뿐이기는 하지만, 그럼에도 불구하고 완전한 구술 사용자이다. 우리는 어떤 종류의 언어를 쓸까? 또는 더 나은 질문은 이렇다. 그 시기에 우리는 어떤 종류의 언어를 더 선호할까? 특히 틀이 잡힌 어떤 종류의 언어를 즐길까? 과거 수천 년 동안 어른들의 사회 전체를 지배한 갖가지 규칙을 알아낼 실마리를 어린이일 때의 우리로부터 조금이라도 얻어낼 수 있을까? 예컨대 우리는 어린이는 똑같은 이야기를 자꾸자꾸 듣고 싶어한다는 말을 자주 듣는다. 이것은 카세트테이프 제조사들조차 제품을 시장에 내놓으면서 고려해야 했던 사실이다. 이 사실에서 원시 구술성 사회가 살아가면서 사용한 언어 규칙에 대해 약간이라도 알아낼 수 있을까?

구술성에 관한 일반 이론은 사회에 관한 일반 이론을 바탕으로 구축해야 한다. 그러기 위해서는 소통을 개인 사이에 사적으로 오가는 것이 아니라 하나의 사회 현상으로 이해할 필요가 있다. 어떤 종류의 언어든 개인이 획득하는 의미는 공동체와 공유되는 대로의 의미뿐이다. 개인이 말을 하는 상대방이 공동체가 아니라 해도 마찬가지이다. 본문주의 학자가 본문성의 상대 개념 또는 적대 개념으로서 구술성에 관심을 기울인 것은 많은 부분 개인의 행동을 정신 내부 구조에서 사용되는 숨은 언어를 가지고 설명하려 한 지크문트 프로이트의 영향을 받았다. 현재 '내면화' 개념이 오늘날의 논의에서 큰 역할을 하고 있기는 하지만, 이런 편향으로부터 구술의 근본에 대해 이렇다 할 만한 것을 알아낼 수 있을지는 의심스럽다.

다시 한번 우리는 교육받지 못한 야만인 사이에서 오고가는 소통의 성실하고 단순하며 도덕적으로 정직한 면모에 대해 생각하는 루소의 낭만적 시각을 얼핏 보게 된다. 이 방법으로는 원시 구술성 사회를 떠올릴 수 없다. 내면화한 경험이라는 정신적 영역을 탐구해 들어가는 방법을 통해 우리 인간의 조건이라는 수수께끼를 풀어내려는 프로이트의 방법론은 전체는 부분의 총합, 즉 사회는 개인의 집합체에 지나지 않는다고 전제하고 있다는 점에서 지나치게 단순화하여 바라보고 있는 것이다. 원시 구술성에 관한 일반 이론은 변증법적이어야 하고, 전체가 부분의 성질을 지배한다는 점을 고려해야 한다.

구술에 속하든 문자에 속하든 사회는 개인과 개인을 결합하여 통일성 있는 하나의 연합체로 만드는 데 성공하면서 존재한다. 사회는 오늘 여기 있다가 내일 사라지는 것이 아니다. 역사를 거치는 동안 다양한 사회는 수명이 길기도 짧기도 했지만, 한 사람 한 사람의 인간과는 달리 일시적 현상이 아니다. 사회의 수명은 전통의 뒷받침에 달려 있다. 전통이라는 낱말은 거기 담긴 개념과 아울러 모든 학자와 전문가가 당연한 것으로 받아들이고 있다. 그것은 역사 안에서 받아들여지는 어떤 존재를 묘사한다. 거의 무엇이라도 '전통'이라는 말로 나타낼 수 있다. 쓰기 편리할수록 더이상 탐구해 들어가지 않을 핑계가 되어주는 말 같다.

이렇게 질문하는 사람은 거의 없다—'전통'은 구체적으로 어떤 종류의 사물일까? 무엇으로 이루어져 있을까? 그 실체는 실제로 무엇일까? 어떻게 작동할까? 사람들은 신화의 개념을 더 깊이 캐지 않고 뒤로 물러난다. 다만 적어도 진정한 신화는 모두 공통적으로 양극 구조를 지닌다고 주장한 레비스트로스는 예외다. 그 구조의 기원을 설명해주십사 청하면 돌아오는 대답은 우리 마음이 작용하는 방식이 그럴 수밖에 없으며, 마음이 환경을 재배치하여 그것을 이해하고자 하기 때문이라는 것이다. 여기에도 환원주의가 개입된다.

어떤 사회에서도 전통에는 구체적 내용이 있다. 그것이 무엇이든 간에 개인은 그 내용을 익혀야 한다. 본능적 감각이 있어서 일반적 의식이라고 하는 모호한 관념과 조화를 이룬다고 하지만, 전통의 구체적 내용을 거기서 가져오지는 않는다. 이런 독일적 사변의 창작물은 도움이 되지 않는다. 익히는 방법 중 하나는 시각적이다. 어떤 행동을 지켜보고 그것을 모방하는 방법으로, 직업과 기술을 전달하는 데 매우 효과적이다. 이는 또 주택과 공공 건축물 건설에서도 통한다. 이후 세대가 눈으로 볼 수 있는 이전 세대의 양식에 따라 건물을 짓는 것이다.

다른 방법은 언어학적이다. 시키는 대로 하는 것이다. 이 경우 시키는 목소리는 공동체라는 집단적 목소리다. 이를 위해서는 필요한 가르침을 전달하도록 (문학에서 쓰는 용어를 빌리자면) '부호화'한 언어 덩어리가 필요하다.

이 가르침은 안정된 형태를 유지해야 한다. 세대에서 세대로 되풀이되어야 하고, 되풀이될 때는 반드시 원본에 충실해야 한다. 그렇지 않으면 문화가 일관성을 잃을 것이고 따라서 문화로서 그 역사적 성격을 잃는다. 가르침의 언어는 이처럼 안정성을 갖도록 틀이 잡혀 있어야 한다. 문자성 사회에서는 필요한 언어가 법, 경전, 철학, 역사, 문학에 기록되어 있기 때문에 안정된 형태를 유지하는 일은 문제가 되지 않는다. 원시 구술성 사회에서는 어떻게 이것을 이루어낼 수 있을까?

일단 문서로 새겨지면 그 안의 말은 고정되고 말이 나타나는 순서도 고정된다. 구어의 특징, 즉 자연스럽고 즉흥적이며 반응이 빠르다는 특징이 모두 사라진다. 원래 고른 말이나 순서를 고칠 수 있지만, 그러기 위해서는 또다시 문자로 적어 한 형태의 불변성을 다른 형태로 (워드프로세서에서처럼) 바꾸어야 한다. 말의 성향을 이처럼 시각적 인공물로 고정시킨 것이 우리가 살고 있는 사회, 다시 말해 사회의 연속성과 성격이 수천 가지 문서 보조자료 안에 규정되고 재규정되어 있는 문자성 사회의 전통을 뒷받침하기 위해 필요한 도구이다.

이런 종류의 언어는 평상시의 담화가 절대로 갖지 못하는 중요성을 갖는다. 사회가 구술만으로 이루어지는 소통 체계에 의존할 때, 우리 사회와 마찬가지로 그 사회 역시 고정된 진술로써 표현되고 그 형태 그대로 전달 가능한 전통에 의존해야 한다. 어떤 종류의 언어가 이런 조건을 채워주는 동시에 구술로 남아 있을 수 있을까? 그 대답은 제의화된 발설에서 찾을 수 있을 것으로 보인다. 이것은 말이 고정된 순서 그대로 유지되는 제의처럼 어떤 식으로든 형식적으로 되풀이될 수 있는 전통적 언어이다.

그런 언어가 암기되어야 한다. 살아남도록 보장할 수 있는 다른 방법은 없다. 제의화는 암기 수단이 된다. 기억은 개인적이어서 공동체 내 남녀노소 한 사람 한 사람의 것이지만, 그 내용 즉 보존된 언어는 공동의 것이며 공동체의 전통과 역사적 정체성을 표현하는 것으로서 공동체가 공유한다.

종종 교육이론가는 암기를 마치 의미 없이 내용을 기계적으로 되풀이하는 것이 전부인 양 더러운 낱말로 취급해왔다. 역사적으로 이보다 더 큰 실수는 없었다. 우리 자신에 관한 지식은 그런 명예훼손 때문에 푸대접을 받고 있다. 우리가 문명인으로 존재하는 열쇠 역할을 하는 것은 창의력이—'창의력'이 무슨 뜻이든 간에—아니라 기억과 회상이다. 문자성은 문서 안에 보존되는 인공적 기억을 제공해주었다. 원래 우리는 입으로 하는 말을 가지고 기억을 만들어야 했다.

문자로 적히면 구두 언어는 어휘와 순서가 그대로 고착된다. 그런데 소통이 만일 구어로 제한된다면, 구어 중에서도 전통이 되기 위해 보존되어야 하는 부분이 어떤 식으로 고착되어야 진술의 안정성이 보장될 수 있을까?

되풀이를 통하면 기억에 성공적으로 남는다. 같은 이야기를 되풀이해서 들려주기를 좋아하는 어린이는 그것을 기억할 수 있기를 바라며, 그래서 그 전체나 일부분을 스스로 들려줄 수 있을 수준에 도달하여 감상하는 즐거움을 추구한다. 되풀이는 즐거움이라는 감정과 연결돼 있는데, 이것은 구술시의 매력을 이해하는 데 가장 중요한 요소다. 그러나 똑같은 내용을 단순 되풀이하는 것만으로는 그다지 성공을 거두지 못한다. 이런 식으로 제공되는 구술 지식은 범위가 제한될 것이다. 필요한 것은 언어를 되풀이할 (즉 음향적으로 동일한 형식의 소리를 낼) 수 있으면서도 그 내용에 변화를 주어 다양한 의미를 표현할 수 있는 방식이다. 고대인의 머리로 발견한 해법은 생각을 장단이 있는 이야기로 변환하는 것이었다. 이로써 자동적으로 되풀이할 수 있는 한결같은 요소가 만들어졌다. 이것은 언어가 발음될 때 음가 자체가 서로 일치함으로써 만들어지는 음률로서 의미와는 무관했다. 그러고 나면 다양한 진술을 동일한 소리 형식 안에 짜넣어 특별한 언어 체계로 쌓아올릴 수 있었다. 이 언어 체계는 되풀이가 가능할 뿐 아니라 회상하여 재사용할 수 있었고, 특정 진술로부터 그다음 진술로, 또 그다음 진술로 꼬리에 꼬리를 물고 기억이 이어지도록 유인할 수 있을 뿐 아니라 음향이 비슷하기 때문에 익숙한 느낌이 들었다.

우리가 시라 부르는 것은 그렇게 탄생했다. 지금은 문자성 시대인 만큼 오락거리 대접을 받고 있지만, 원래는 문화 정보를 저장하여 재사용하기 위한, 더 익숙한 언어로 말하자면 문화 전통을 확립하기 위한 기능적 도구였다. 원래부터 기능적 목적이 있었음을 인식한 만큼 오락적 목적 역시 원래부터 있었다는 점을 인식해야 한다. ('비움과 채움'이라는 플라톤의 공식이 아니라) 갖가지 모습으로 나타나는 장단은 성행위를 포함하여 생물로서 자연적으로 느끼는 모든 즐거움의 기반일 뿐 아니라, 어쩌면 소위 지적 즐거움까지도 장단을 기반으로 하고 있다고 말할 수 있다. 어떻든 장단이 음악 및 춤과 연관돼 있고 인체의 운동 반응과 관련돼 있다는 데는 반박의 여지가 없어 보인다. 그런 만큼 구술 사회에서는 일반적으로 시와 음악과 춤이 협력하여 말을 보존하는 책임을 맡아왔다.

음향의 장단은 중추신경계 반사의 한 요소로서, 구술성에서 가장 중요한 생물학적 효과이다. 거기에다 매우 일찍 의미의 장단 또는 관념의 대비(또는 '관념idea'은 문자적 용어이므로 '개념notion'의 대비가 더 낫다*)라는 습성이 추가로 장려됨으로써 이차적 효과가 유발됐다. 사람은 일부 격언처럼 반대되는 것들을 대비시키는 구조에서도(익숙한 그리스 어투인 '한편으로는 (…) 다른 한편으로는'에서 보는 것처럼), 호메로스 서사시 학자들이 관찰한 바와 같이 서로 쏙 빼닮은 성격의 서사적 이야기들을 잘 대비시켜 구성한 주제 '양식'에서도 의미의 장단을 인식한다. 이런 작시 '체계'(마찬가지로 문자적 용어)는 반향이라는 장치를 관념 차원으로 확장한다.

그 효과는 다음처럼 히브리어 시구에서 눈에 띈다.

* 두 영어 낱말이 가리키는 뜻은 비슷하지만, 어원으로 살필 때 idea는 '본다'는 의미를, notion은 '안다'는 의미를 지니는 것으로 구분할 수 있다.

> 의미적 대구법(…)은 성서의 시구에서 흔히 보는 특징이다. (…) 시인이 첫째 구절에서 '귀를 기울여라' 하고 말하면 그다음 구절에서는 '들어라'라거나 '내 말을 명심해라'라고 말할 가능성이 높다. (…) 성서 시의 어떤 줄은 동치 진술 조건에 가깝다. (…) "바른길 걷는 사람을 감싸주시고, 당신께 마음을 쏟는 사람을 지켜주신다"* 같은 식이다.

지금 인용하고 있는 이 의견을 내놓은 로버트 올터Robert Alter는 계속해서 정확하게 지적한다. "주로 나타나는 형식은 생각, 이미지, 행동, 주제를 갈수록 구체적으로 나열하는 것이다. (…) 우리는 반복되는 상상의 북소리에 귀를 기울일 게 아니라, 새로 무슨 일이 벌어지는지를 끊임없이 살필 필요가 있다. (…)"(올터 1985)

새로 벌어지는 일은 이미 말한 것을 부분적으로 되풀이하는 병렬 형태로 일어나야 한다. 이것은 '같음 안에 들어 있는 다름'으로, '같음'에 해당하는 것은 보격의 박자일 수도 있고 유사한 주제일 수도 있다. 이것은 원시 구술성에서 저장하는 정보 언어의 기본 규칙이며, 구술 암기를 위한 요구조건 때문에 강제로 적용되는 규칙이다. 예컨대 "만일 첫번째 시구에서 어떤 것이 부서졌다면 두번째 시구에서는 그것이 박살 나거나 산산조각 난다."(같은 출처) 올터가 제시한 이 예에다 그 반대 유형인 대비를 기반으로 하는 반복의 예를 추가한다. "풀은 시들고 꽃은 지지만 우리 하느님의 말씀은 영원히 서 있으리라."†

소리의 반향으로부터 어떻게 관념의 반향이 생겨나는지는 수수께끼이다. 이 질문은 인간 의식의 본성이 어디에 뿌리를 내리

* 잠언 2:8.

† 이사야 40:8.

고 있는지를 캐고 들어간다. 구조주의 이론의 이항대립과 연관돼 보이지만, 구술성에 관한 일반 이론에서는 관념을 생각하기 전에 먼저 이항대립의 첫번째 조건을 암기를 위한 음향 법칙에서 찾을 필요가 있다.

이와는 달리 호메로스의 시에서는 주제를 활용한 반향이 훨씬 큰 규모로 사용됐다. 비교적 눈에 띄는 예를 하나 들자면, 24권 전체를 통틀어 아킬레우스와 어머니가 만나는 장면에는 모두 유사한 성격이 있다. 그렇지만 유사한 가운데 또 뭔가 새로운 일이 벌어진다. 이들은 서로 반향으로 연결되어 기억이 첫번째 사례로부터 두번째 사례로, 다시 세번째 사례로 쉽게 전달되도록 돕는다. 이 전후관계 자체가 하나로 연속되는 장면이라는 인상을 준다.

이런 종류의 언어는 구술 사회의 토착어 위에 얹혀 있는 정교한 도구가 된다. 달리 비유하자면 토착어 안에서 인위적 언어의 섬으로서 존재한다. 이것을 유지하는 책임은 전문가의 손에 맡겨질 가능성이 높다. 이들은 '민중의 구송시인'(헤라클레이토스)이 되고 음악가, 선지자, 예언자, 사제가 된다. 이들은 패리가 구술시의 기반으로서 주목한 관용표현 언어의 수호자이다. 이것은 또 (호메로스의 그리스어처럼) 어느 정도 고풍스러운 언어가 될 가능성이 높은데, 창작보다는 보존 본능을 바탕으로 만들어졌고 현재 사용되고 있는 일상 어투와 예측 불가능한 성격을 배제해야 하기 때문이다.

이 언어, 이 언어가 말하는 내용과 말하는 방식 자체가 사회적 행동 지침이 되는 전통을 형성한다. 실제로 이것은 그 자체로 전통이 된다. 그리스 용어 에토스ἦθος와 노모스νομός는 그 내용을 다른 어떤 관용표현보다도 더 잘 나타내준다. 이렇게 암기된 언어로 뒷받침되는 사회적 연합체는 전체적으로 볼 때 대체로 자율적으로 규제된다. 그러나 전쟁을 위해 소집하고, 이주를 결정하고, 역병을 피하기 위해 엄숙한 의식을 행하는 등 특별한 상황이 벌어질 때마다 일상 행정에서 대처하기 위한 어떤 수단과 방법이 있어야 한다. 가족의 경우에는 유산 상속을 위한 분쟁이나 집안 대대로 내려오는 피의 복수 문제를 해결하거나 빚을 갚는 일 등이 있다. 때에 따라 왕이라든가 원로 회의라든가 시민 집회(아고라ἀγορά) 등이 그런 결정을 내리거나 문제를 해결하는 도구가 된다. 그런데 그런 결정이 정확히 어떤 식으로 형태를 얻는 것일까? 그것은 어떤 식으로 사람들이 알고 복종하는 실질적 조건으로 변할까? 결정을 내리면 아무리 개괄적이라도 그 결정에 어떤 모양새가 필요하다. 문자 사회가 된 이후 옛 유럽에서 그것은 칙령, 조례, 법령, 또는 그저 '칙서'라는 형태를 취했다. 정해진 지시 내용은 문자로 쓰여 있었고, 문자를 읽지 못하는 대중 앞에서 포고 담당 관원이 그것을 큰 소리로 읽어 알릴 수 있었다.

그에 해당하는 것을 원시 구술성 사회에서 지을 때는 오로지 관용표현을 사용한 시구 또는 적어도 관용표현을 사용한 말로 지을 수밖에 없었다. 지배 권력을 위해 전문가들이 보격은 아니더라도 장단을 넣어 지은 속담 형식의 발설이었다. 그런 다음 이 저장 언어 조각, 즉 지시 내용 자체를 포고관이 큰 소리로 노래하거나 읊어 퍼뜨린다. 시의 어투라면 그것이 입으로 충실하게 재현됨으로써 계속 존재하며 영향력을 발휘하도록 보장해줄 것이다. 권력의 '법령'은 간단히 말해 암기하기 좋은 발언이었다. 법이 문자로 적힐 무렵에 이르러 이런 어투는 쓸모가 없어져가고 있었고 구술 보존이라는 기능은 더이상 필요하지 않게 됐지만, 그 표현 양식의 흔적은 오랫동안 글로 적힌 형태 안에 살아남았다. 때로는 권력 자체가 이 기법을 구사했다. 다윗 왕도 아킬레우스 왕자도 본인이 가수였다. 발언이 선포되게 하는 데도 뛰어나고 행위가 이뤄지게 하는 데도 뛰어나면 실제로 정치 권력을 얻는 지름길을 걸을 수 있었다.

전 주민에게 전통 전체를 가르치고 권하여 그것을 공유하고 그에 따라 살게 하려면 어떤 수단을 사용해야 할까? 이 목적을 위해 무엇보다도 도움이 되는 것은 사용되는 기법 안에 이미 들어 있다. 그 장단은 생물학적으로 즐거우며, 음악적으로 읊거나 가락과 춤이라는 몸동작으로 보강하면 더욱 그렇다. 합창으로 부르면 춤은 또 집단 전체가 함께 읊고 따라서 함께 암기하게 만드는 이점도 있는데, 이것은 페리클레스 시대까지 계속되면서 아테나이의 상류층에게 계속 지식을 전달하고 상류층을 이끌어준 풍습이다. 아테나이 지배 계층 청소년 중 상당수가 희비극 합창에 동원되면서 이런 방식으로 이차교육을 받았다.

구술성 사회의 시인은 자신이 교육 기능을 맡고 있다는 것을 의식하고 있었다. 그들이 안내자로 삼고 있던 뮤즈가 그들의 스승이자 그들의 청중을 가르치는 스승이었다. 그들은 시와 음악을 활용하면서 그것이 감정에 미치는 영향을 더욱 잘 의식하고 있었다. 그들은 그것으로 즐거움을 준다는 사실을 자랑스러워했다. 즐거움은 가르침에 꼭 따라붙어야 하는 요소였다.

그들의 언어는 암기를 돕기 위해 장단 말고도 또하나의 자원을 활용했다. 문자화한 우리조차도 일반적인 어른은 논문보다는 소설을 가지고 잠자리에 드는 편을 택한다. 소설은 사실을 적은 진술을 나열하는 게 아니라 이야기를 들려주기 때문이다. 소설의 서사 형식은 관심을 불러일으키는데, 대부분의 사람에게 서사는 말로든 글로든 언어가 취하는 가장 즐거운 형태이기 때문이다. 서사의 내용물은 관념이 아니라 행동 및 행동으로 인해 만들어지는 상황이다. 행동은 다시 어떤 것을 행하는 행위자 또는 자신이 행하거나 자신에게 행해지는 것에 대해 뭔가를 말하는 행위자를 필요로 한다. 구술 암기에서는 생각보다는 행동을 말하는 언어가 필수불가결한 요소로 보인다. 러시아에서 루리야가 한 실험과 그 결론(앞 5장 참조)은 소위 구술 '문학'의 성격 자체에서 알아낼 수 있었을 결론을 강화해주었을 뿐이다.

우리는 구술 이야기꾼은 전체 '주제'(문자적 용어)에다 서사 '구조'(마찬가지로 문자적 용어)를 부여하는 일을 한다고 생각하는 경향이 있다. 이야기꾼이 행하는 언어학적 작업에서 그보다 더 근본적인 사실은 진술의 주어를 모두 서사화해야 한다는 것이다. 즉, 주어는 실제 인물이든 의인화한 다른 힘이든 뭔가를 행하는 행위자의 이름이어야 하는 것이다. 거기 붙는 서술어는 행동 또는 행동에 들어 있는 상황에 대한 서술어여야 하며, 본질이나 존재에 관한 서술어는 절대로 거기 붙지 못한다. '정직은 최선의 방책이다'라는 관용표현은 문자적 말, 문서로 기록된 말의 산물이다. 구술로 보존된 말에서 이것은 '정직한 사람은 언제나 성공한다'가 된다. 나아가 그보다 더 가능성이 높은 것은 이 진술이 따로 떨어진 하나의 격언이 되기보다, 사람이 정직을 행하는 (또는 행하지 못하는) 이야기 안에 그 사람의 행실이 짜여 들어가는 것이다.

히브리어 시구에서도 서사를 요구하는 똑같은 조건이 작용한다는 사실이 관찰된 바 있다. "행 안에서 역동적 변화가 나타난다. (…) 인과관계가 시간의 진행과 더불어 움직이고 (…) 똑같은 서사 충동*이 (…) 행 안에서 (…) 되살아나는 때가 많다."(올터 1985)

전문가들이 알아낸 바에 따르면 구술시에서 나타나는 서사적 통사법의 법칙 하나는 병렬 구조이다. 이것은 언어를 나란히 덧붙이는 형식으로, 신중하게 구성된 종속 관계가 아니라 '그리고'에 의해 이미지와 이미지가 연결된다. 그러나 병렬 구조는 빙산의 일각 또는 (더 나은 은유를 쓰자면) 언어라는 살아 있는 신체를 감싸고 있는 의복에 지나지 않는다. 이 살아 있는 신체는 끊

* 서사 충동narrative impulse은 서사를 부여하거나 서사적으로 해석하려는 충동을 말한다. 올터는 서양 고대 문화에서는 서사가 대부분 시로 묘사되는 데 비해 히브리어 성서에서는 주로 산문으로 묘사된다는 점을 지적하면서, 그럼에도 불구하고 시 전체로는 서사를 묘사하지 않아도 행 단위 안에서는 서사 충동이 작용하고 있다고 설명한다.

임없는 변화가 일어나는 행위의 강을 상징하는 소리의 흐름으로서, 행동 통사법 또는 (현대의 철학 언어를 쓴다면) '수행성' 통사법으로 표현된다. 이것을 인식하는 것이 진정한 원시 구술성에 관한 일반 이론을 만드는 데 필수적이다. 이는 또 그 이후로 오늘날 종종 사용하는 비수행성 언어에서 일어난 심오한 탈바꿈을 우리가 마주 대할 수 있도록 대비시켜준다.

원시 구술성에서, 구송시인이든 사제든 예언자든 선지자든 구술 전문가는 암기할 가르침을 전하려 할 때 즐거움을 주도록 인위적으로 고안한 옷을 거기에다 계속 입힌다. 그래서 가르침 자체가 생생한 예로 변환되어 사회적 기억과 간접적으로 결부되는 것이다. 주로 눈에 띄는 예들은 사실 그 가르침이 제대로 실행되지 못한 예들이라는 점에 주목할 필요가 있다. 가르침을 실행하지 못한 결과 이어지는 행동은 '영웅적' 또는 '비극적'(또는 히브리의 경우 '죄 있는')인 것이 되지만, 그 이면에 '교훈'을 간직하고 보존하고 있기 때문에 경고 효과는 떨어지지 않는다.

간단히 말해 전통을 생각이나 원칙을 통해서가 아니라 행위를 통해 가르치는 것이다. 가르침을 전달하기 위해 구술 사회는 한편으로는 전문가의 언어이지만 다른 한편으로는 정도는 달라도 모두가 참여하는 언어를 공유하도록 청중에게 권유하거나 청중 스스로 참여하게 함으로써 청중의 공연을 위한 맥락을 적절히 마련해야 한다. 스스로 즐기려는 인간의 천성 때문에—여기서도 즐거움이라는 원리가 작용하면서 사회가 필요로 하는 부분에 도움을 주는데—공통의 축제와 공통의 감정이 생겨난다. 이 감정은 모든 구술 사회가 공유하는 것으로, 가르침을 주는 상황이 필요할 때 그 상황을 제공해주므로 사회가 제대로 기능하는 데 중심이 되는 요소이다. 축제는 서사시를 읊고 합창을 부르고 춤을 추는 자리가 되었다. 의례적 축제는 비교적 작은 집단이 한데 어울리는 향연 형태를 띨 수 있는데, 이는 비교적 짧은 시구와 개인적 공연을 위한 적절한 수단이 된다. 그런 자리에서 구술 사회의 시구는 '발행' 수단을 얻는다. '발행'은 그 과정을 나타내는 정확한 용어이다. 다만 오늘날 우리는 이 용어를 문자적 의미에서만 생각하는데, 인쇄기와 출판사가 과거의 구술적 상황을 밀어내고 그 대신 문서화된 것을 독자에게 배포하기 때문이다. 그래서 독자는 작가의 '공연'에 소리 없이 참여하고, 작가의 공연 역시 소리가 없다. 구술 청중은 수동적으로 듣고 암기하는 방식으로만 참여한 게 아니라 거기 사용되는 언어에 적극적으로 참여했다. 그들은 가수가 읊는 노래에 맞춰 집단적으로 손뼉을 치고 춤을 추고 노래를 불렀다.

9 그리스 구술성에 관한 특수 이론

문자로 적힌 그리스 말의 역사에서 처음부터 끝까지 글로 지어진 최초의 것은 헤시오도스의 글일 것이다. 그의 언어가 기본적으로 호메로스적이어서 구술로 보존되는 시구의 관용표현 성격을 그대로 지니고 있다는 사실에도 불구하고 그렇다. 더욱 주목할 만한 점은 그의 글이 쓰이기 전의 구술성을 자각하고 그것을 시구 안에 생생하게 남길 수 있었을 뿐 아니라 심지어 그 기본 기능이 무엇인지도, 즉 전통을 살아 있는 기억 속에 보존한다는 기능까지도 인식하고 있었던 것으로 보인다는 점이다. 그는 뮤즈들을 소개하는 찬가를 지어 그들의 인격과 역할을 묘사하면서 이 일을 해낸다. 우선 그들은 제우스와 므네모시네가 결합하여 낳은 자식들이다. 므네모시네Μνημοσύνη는 대개 '기억'으로 옮기는데, 이렇게 옮기는 것은 기억을 가리키는 다른 그리스어 낱말인 므네메Μνήμη와 동일한 낱말로 취급하는 것이다. 후자와 달리 전자는 기억을 행사하는 행동, 즉 '회상' 또는 상기하는 것을 가리킨다.

구술 시구에서 개인(종종 용사)을 기리면서 계보를 소개할 때는 부모를 밝힘으로써 그 개인에게 정체성을 부여하고 그의 사회적 지위와 그가 공동체 내에서 맡는 역할을 나타냈다. 뮤즈들은 설정된 태생을 통해 사회적 기억의 수호자로 인식되며, 그들의 행동은 문자는 생각조차 하지 않고 오로지 구술인 것으로 묘사되므로 구어에 보존된 기억, 즉 말이 갖추어야 하는 저장고이다. 그들의 존재 이유는 기능적이며, 영감을 주기 위한 것으로 변한 것은 훗날의 일이다. 뮤즈들이 발설하는 내용은 '현재와 이전의 것들'(타 에온타, 타 프로 에온타τὰ ἐόντα, τά πρὸ ἐόντα), 그리고 '장차의 것들'(타 에소메나τά ἐσσόμενα)로 적절히 요약되는데, 후자는 나머지 둘과 함께 있는 문맥에서는 색다른 것을 예견한다는 뜻이 아니라 앞으로도 계속 예측 가능한 상태를 유지할 전통을 가리킨다.(앞 7장 참조)

이 옛 시인이 상징적이고도 간접적으로만 기린 이 암기 기능이 훗날, 그러니까 한 세기 또는 그 이상의 시간이 지나 알파벳이 장기간 사용됨으로써 구술과 경쟁하는 회상 수단이 생겨난 뒤 더 명확하게 인정받았다는 점은 어느 정도 흥미롭기도 하고 우리의 관심사와 연관돼 있기도 하다. 프로메테우스가 인간에게 준 선물 하나는 '그람마타γράμματα의 조합, 뮤즈-어머니, 모든 것들을 기억하는 일을 하는 것'으로 묘사된다.* 그람마타는 '새겨진 것', 즉 적힌 글자를 말한다. 이제 저장 기억은 글자 안에 보존된다. 구술 언어가 보호를 맡고 있던 저장 기억이 글자의 보호 아래로 이양되어 명백하게 '기억'으로 인식 가능하게 됐는데, 그 이유는 바로 인공물인 글자를 통해 기억이 가시적으로 구체화됐기 때문이다. 그러나 이양됐어도 완전히 새로이 창조된 것이 아니라 어머니로부터 물려받은 구술성을 여전히 지니고 있다는 사실은 헤시오도스의 계보에서 가져온 것으로 보이는 '뮤즈-어머니'라는 구절에서 인정된다. '일을 하는'이라는 표현 역시 사소해 보이기는 하지만, 구술이든 문자든 이 언어에게 뭔가 일을 맡긴다는 것을 처음으로 인식하고 있다. 그 역할은 기능적이며, 영감을 북돋워주는 것이 아니다. (이 구절이 적힌 아이스킬로스의 연극을 비롯하여) 알파

* 아이스킬로스의 『결박된 프로메테우스』에 나오는 프로메테우스의 대사이다. (461~462번째 줄)

벳의 산물은 우리가 생각하는 용어 그대로의 '문학'에 그치지 않고 그것을 넘어서는 것이다.

기원전 4세기 초에 이르러 문자를 아는 지식인은 학식을 갖추는 데 필요한 기술로 간주되는 암기 행위 자체에 관여하기 시작했다. 그들은 그것이 자신의 시대에 느리지만 확실하게 쓸모가 없어지고 있는 행위임을 느지막이 인식한 다음에야 그럴 필요를 느꼈을 것이다. 그러나 당연하게 받아들여지는 사회적 압력에 의해 유지되던 암기 행위 자체가 구술 시대에는 의식적으로 인식되지 않고서도 당연하게 받아들여졌다.

헤시오도스로 돌아가서, 그가 말하는 뮤즈의 기억 언어는 물론 장단을 가지고 있었고, 그의 용어로 말하자면 서사시 육보격에 맞춰 발설했다. 뮤즈의 말에 적용된 은유는 유동성을 중심으로 한다. 용솟음치며 도도하게 흐르는 것이다. 그것은 또 종교 의식(헤시오도스 본인이 지금 짓고 있는 찬가), 또는 시민 합창(춤), 또는 서사시 암송, 또는 노래 등 다양한 행사 때 청중을—지금 이 경우에는 신들을—대상으로 하는 공연이었다. 공연은 음악적이어서 악기 반주가 있었다. 행사는 축제였다. 뮤즈가 말을 하면 사람들은 연회나 축하나 행진 속에서 즐겁게 시간을 보냈다. 이런 여러 가지 조건이 모두 아홉 뮤즈들의 이름 안에 다음과 같이 상징적으로 기억됐다. 그것은 클레이오(축하하는 사람), 에우테르페(기쁘게 하는 사람), 탈리아(화려하게 하는 사람), 멜포메네(노래를 부르는 사람), 테르프시코레(춤추며 기쁘게 하는 사람), 에라토(황홀하게 하는 사람), 폴리힘니아(찬가를 부르는 사람), 우라니아(천상에서 사는 사람), 칼리오페(말솜씨가 좋은 사람)이다.

시인 헤시오도스는 사회적 소통이 형성되고 공연됨으로써 문화 전통이 보존되는 원시 구술성 문화 안에서 그 사회적 소통 체계를 간접적일지언정 찬양하고 있다. 이것은 그리스의 상황이다. 쿡 선장이 찾아갔을 때 타히티 사람들은 그런 이야기를 짜맞출 능력이 없었겠지만, 그럼에도 헤시오도스가 무엇을 말하고 있는지 곧장 이해했을 것이다.(해블록 1978a, 20~22, 31~32쪽) 이와 관련하여 헤시오도스 자신이 어떻게 그처럼 놀라운 교양 수준에 다다를 수 있었는지에 대해서는 따로 생각할 필요가 있을 것이다.(이 책의 10장) 그는 시를 지으면서 그것을 직접 문자로 적고 있거나 그가 구술로 짓는 것을 누가 대신 문자로 옮겨 적고 있지만, 그 구술 상황을 마치 그의 동시대 일인 것처럼 말한다. 그가 이것을 지은 시기가 언제인지는 아직 결론이 나지 않았다. 그리스 고전 시대 문화가 완전한 비문자성 상태에서 시작됐다는 사실을 받아들인다고 할 때, 완전한 비문자성 상태는 정확히 얼마나 오래 지속됐을까? 그 대답에 따라 그리스 구술성의 위업이 어느 정도에 이르는지 평가할 수 있을 것이다. 일반적으로 인식되는 것보다 더 대단하고 더 오래 이어졌을까? 그리스 구술성에 관한 특수 이론에서는 현재 우리가 그리스의 문자 문학과 동일시하고 있는 전성기 고전 시대 그리스 문화가 형성될 때 그리스의 구술성이 창의력을 발휘했음을 인정하도록 요구하고 있을까?

우리가 비문자 조건과 문자 조건을 단순하게 대립시켜 한쪽이 다른 쪽을 대치한 관계로 본다면 그것은 너무나도 지나치게 단순화하는 것이다. 그러나 가능한 한 가장 먼저 해결해야 하는 문제는 말을 문자로 적는 더 뛰어난 기술인 알파벳이 발명된 때를 판정하는 일이다. 즉, 묵음인 자음을 최초로 분리하여 거기에 제각기 가시적 기호를 부여한 시기를 알아내는 것이다.(앞 7장 참조) 헤시오도스 시대 이전인 것은 분명하다. 그러지 않았다면 사용할 수 없었을 것이기 때문이다. 게다가 꽤 많이 사용하기도 했다. 그런데 얼마나 더 이전일까?

앞서 말한 것처럼 헤시오도스의 글은 실제로 알파벳 문자의 도움으로 지어진 최초의 글일지도 모른다. 그렇지만 알파벳으로 쓰인 최초의 것일 가능성은 낮다. 오늘날 전해지는 유물 중 고전 시대 그리스 말을 적은 가장 오래된 것은 다섯 점으로 알려져 있다. 항아리 하나, 항아리 두 개의 파편들, 점토 명판의 파편으로 추정되는 것 하나, 그리고 작은 청동 조각상 하나다.(제프리 1961, 68, 90, 110, 235쪽; 쿡 1971, 175쪽; 모리스 1984, 34쪽) 글자는 이들 유물에 새겨져 있거나 긁혀 있거나 칠해져 있다. 유물이 만들어진 시기와 글자가 새겨진 시기가 꼭 일치한다고는 볼 수 없다. 명패를 제외하면 후자가 전자보다 나중일 수 있다. 그중 가장 오래됐다고 생각되는 유물 경우에는 이 두 날짜를 구별하는 일이 결정적으로 중요하다. 그것은 저 유명한 '디필론 항아리'로, 기원전 740년부터 690년 사이의 어느 때 만들어진 것으로 추정된다. 그중 기원전 740년 또는 그에 가까운 시기가 더 그럴듯하다는 것이 입증된 바 있다. 이 항아리는 대개 그리스 문자가 적힌 가장 오래된 유물로 받아들여지고 있다. 나머지 네 가지는 기원전 700년 전후이며, 이 네 가지 유물로 보면 알파벳은 700년 또는 그 이후에 발명된 것으로 짐작된다. 그럴 경우 디필론 항아리는 한동안 항아리로 쓰이다 누군가가 거기에 그리스 문자를 새겨넣었다고 가정하는 것이 타당하다.(해블록 1982a, 15쪽, 진 데이비슨Jean Davison과 개인적으로 나눈 대화를 인용) 어느 신중한 권위자(웨스트 1966, 41쪽)의 말을 인용하자면, "그리스 알파벳 문자가 기록된 유물 중 700년 이전의 것으로 볼 필요가 있는 것은 하나뿐이다." 이 유물이 만들어진 시기와 그 표면에 문자가 적힌 시기를 별개로 취급하면 아예 이렇게 볼 필요조차 사라진다.

알파벳의 발명 시기를 추정하는 학자들의 논의에서는 아직 이 두 시기가 제대로 구별되지 않았다. 고전학에서는 대개 모든 것을 엄밀하게 따진다는 점을 생각할 때 이것을 소홀히 취급한다는 사실은 특이해 보인다. 그러나 이렇게 소홀히 따지면 알파벳의 발명 연대를 기원전 '7세기 초'가 아니라 '8세기' 또는 '8세기 중반 이전'으로 가정할 수 있다는 장점이 있다. 이쪽을 선호하는 이유는 이념 때문인 것으로 생각된다. 여기에는 두 가지 장점이 있다. 1) 그리스인의 비문자 시대를 될 수 있는 대로 짧게 줄일 수 있는데, 현대의 비슷한 사례를 볼 때 비문자성에는 그리스 문명을 창조한 영예를 돌릴 만한 가치가 없다고 생각하기 때문이다. 2) 특히 호메로스의 시가 더 나중이 아니라 기원전 8세기에 '문자로 적혔다'고 말할 수 있는데, 이쪽이 호메로스에 담긴 전통과 미케네로부터 물려받은 유산에 더 어울린다고 느끼기 때문이다.

알파벳이 발명된 시기 문제와 관련하여 이제까지 나온 대답 중 일반적으로 자주 언급되는 것 하나는 1986년 10월 6일 자 『뉴욕타임스 북 리뷰』에 실린 다음 글을 가지고 설명할 수 있다. "그리스인은 스스로 자신의 역사가 최초의 올림픽 경기가 있었다고 하는 기원전 776년에 시작된 것으로 보았다. 페니키아 알파벳으로부터 그리스 알파벳이 만들어진 것은 이 무렵이었다."(매쿼리 1985) 이 '정보'의 출처로서 우리가 실제로 가지고 있는 (에우세비우스의) 글은 기원후 3세기 또는 4세기에 지어졌으므로, 그 글에서 전하는 원래의 사건으로부터 1000년도 더 뒤의 것이다. 기원전 4세기 초 어느 그리스인 소피스트가 연대를 첨부하여 작성한 목록이 그 원천자료일 거라는 주장이 있었다.* 고전 시대 그리스인이 그런 형식으로 '역사에 연도를 표시'했다는 증거는 그 어디에도 없다. 더 중요한 것은 암기를 담당하는 '회상관'Remembrancer(고대 영어 용어)에 해당하는 므네모네스Μνήμονες(제프리 1961,

* 이것은 역대 올림픽 우승자 목록을 말하는데, 고대 그리스 엘리스에서 활동한 소피스트인 히피아스가 기원전 400년 무렵 처음으로 취합한 뒤로 꾸준히 갱신되어 널리 유포됐다고 한다. 목록에는 올림픽 회차 번호와 우승자 이름이 함께 수록돼 있어 연도를 가리키는 기준으로 사용할 수 있었다. 오늘날 단편적으로 전해 내려오는 목록이 여러 가지 있지만, 에우세비우스가 기원후 3~4세기에 지은 『연대기』에 수록된 목록에는 제1회(기원전 776년)부터 제249회(기원후 217년)까지 거의 1000년 동안의 올림픽 경기 우승자 이름이 빠짐없이 기록되어 있다.

20쪽)라는 직함의 공무원이 기원전 6세기까지도 존재했다는 것을 어느 새김글로부터 알아냈다는 것이다.(해블록 1963, 52쪽) 그런 기능은 비문자문화 사회에서 판결이나 선례뿐 아니라 과거의 어떤 연표를 구술로 보존할 필요가 인정됐고 거기 대응하여 서비스를 제공했음을 전제로 한다. 이 목적을 달성하기 위해서는 정해진 순서에 따라 명사와 거기 관련된 몇몇 사건들, 그리고 종종 햇수를 첨부하여 암기하는 방법을 썼다. 이 풍습은 창세기에서 족보를 나열한 것에서도 볼 수 있다. 이 목적으로 훈련을 받았거나 스스로 수련을 쌓은 전문가에게 맡길 때에만 효과적으로 보존되고 전달될 것이다. 기원전 4세기에 작성된 이 올림픽 우승자 목록 내용이 정말로 기원전 8세기의 첫 사분기로 거슬러올라간다 해도, 그 원천자료는 알파벳으로 표시된 게 아니라 구술로 전해진 것이었다.

최초의 금석문 이전에 어떤 종류로든 그리스 문자성이 제한적으로나마 존재했다는 관점은 양피지나 파피루스 또는 나무 표면 같은 곳에 알파벳이 쓰였다고 전제하는 것이고, 또 (이 전제를 바탕으로 옛 그리스 연표를 설명한다면) 견고한 물체에 문자가 새겨진 때보다 적어도 50년 이상 전에 그렇게 쓰였다고 전제하는 것이다. 이들은 대리석이나 구운 점토에 비해 썩기 쉬운 재료이기 때문에 이 전제는 얼핏 합리적으로 보일 것이다. 오해의 소지가 있기는 하지만 이번에도 우리 자신의 문자성 맥락 안에서 강력한 유비를 볼 수 있다. 문서의 쪽은 수세기 동안 권위의 원천 역할을 해왔다. 사물이나 건물에 새겨진 글은 장식이자 부수적인 것으로 취급된다. 그런 만큼 단단한 표면에 새기거나 그리는 것보다 문서로 적는 것이 더 먼저이지 않았을까?

고대 그리스를 보면 알파벳이 발명된 뒤로 두 세기 동안 사실은 그 반대였다는 인상을 받는다. 아테나이에서 공공 정보 목적으로 새김글을 이용하는 관행은 기원전 5세기 내내 이어진 것으로 보이며, 그중 눈에 띄는 예 하나는 같은 세기 말 아테나이의 법률을 고쳐 쓴 일이다. 물론 그렇다고 해서 금석문이 등장하기 전에 양피지나 파피루스 문서가 먼저 보급되었다는 관념이 절대적으로 불가능하다는 뜻은 아니다. 만일 그랬다면 그것은 전문 가수들이 직접 알파벳을 발명했다는 뜻일 수 있다.(웨이드제리 1952)

최근 케빈 로브(1978)가 설득력 있는 설명을 내놓는 덕분에, 구술 사회의 근본 관습으로서 또 문자가 발명된 한 가지 계기로서 헌정물을 바치는 행위에 관심이 쏠렸다. 원시 구술성 사회에서 헌정은 공개 구술 예식을 통해서만 이루어질 수 있었는데, 예식에서는 헌정물을 바치고 거기 참석한 청중이 적어도 한동안은 기억할 가능성이 높은 언어로 연설을 들려주었다. 선물을 바칠 때도 마찬가지였다. 그러나 (키프로스나 크레타나 알미나처럼) 두 가지 언어가 사용되는 공동체에서 그리스인 주민은 페니키아인 이웃들이 헌정물에 글자를 새겨 바치는 것을 보았다. 그에 따르는 이점, 즉 그렇게 하면 헌정물이 스스로 자신의 사연을 알릴 수 있다는 점이 부러웠던 그들은 그 요령을 자신들의 구술 헌정 예식에 받아들이려 했고, 그 결과물이 새로운 알파벳 체계였다.

구술로든 문자로든 헌정은 사실상 헌정 대상에게 헌정물의 소유권을 부여하며, 헌정물을 바친 사람이 누구인지도 함께 밝히는 때가 많다. 과거 또는 현재 이 헌정물과 실제로 연관된 사람들의 이름이나 신원을 기록으로 남겨야 했다. 초기 금석문 유물은 모두 이런 사례에 해당하며, 그뿐 아니라 보격으로 쓰여 있다. 다시 말해 원시 구술성 사회에서 전통적으로 구송시인과 '음유시인'(또는 서사시인?)이 맡던 소소한 임무를 알파벳 문자에게 맡겼을 뿐인 것이다.

오늘날 일부 학자가 마지못해 인정하고 있는 것처럼 알파벳이 발명된 시기가 기원전 700년보다 나중일 수 있다는 점을 받아들이고 나서도, 여전히—이번에도 현대의 비슷한 사례에 비추어—그 뒤로 저절로 알파벳을 사용하게 됐다고 전제하는 다음과 같은 관점을 흔히 보게 된다. “이 새 발명품은 매우 빨리 퍼졌고 그리스 민중 가운데 완전히 문자를 익힌 사람의 비율은 초기부터 높았다.”(앤드루스 1971, 51쪽) 오늘날 구술성이 문자성과 접촉할 때 처하는 운명이 이런 판단을 뒷받침해주는 것으로 보인다. 유럽 탐험가들이 찾아가거나(타히티의 쿡 선장), 침략하여 정복하거나(아메리카의 스페인인), 식민 강대국이 ‘피지배자’를 식민지로 삼았을(아프리카의 포르투갈인, 영국인, 프랑스인, 독일인) 때 살아남아 있던 비문자성 사회와 유럽이라는 문자성 사회가 서로 접촉했다. 이런 사례 중 첫번째 경우에만 원시 구술성이 오염되지 않은 채 그대로 남았다. 정복자와 식민 지배자는 다시 배에 올라 떠나가지 않고 거기 머물러 살면서 현지 사람들과 밀접하게 접촉했다. 그들은 그곳 사회를 지배하며 자신들의 우수한 알파벳 기술을 그곳 행정에 적용했고, 기존 정부의 구술적 운영 방식을 재빠르게 문자로 바꿔놓았다. 시가 있던 원래의 구술 공연은 기능적 목적이 박탈당한 채 오락이라는 2차적 역할로 밀려났다. 오락은 언제나 지니고 있던 기능이지만 이제는 유일한 목적이 된 것이다. 그래서 이렇게 남은 흔적은 관광객의 즐거움과 인류학자의 녹음기를 만족시키는 낭만적 생존자가 됐다.(앞 6장 참조) 이런 점을 고전학자가 알아차린다 해도, 살아남은 부분이 시시하다는 사실 자체가 호메로스와 아이스킬로스를 낳으려면 그리스가 완전히 문자 사회였을 수밖에 없다는 학자들의 전제를 강화해주는 역할을 한다.

그리스의 경우는 독특하다는 점을 이해할 필요가 있다. 이것은 그리스 구술성에 관한 특수 이론이 필요하다는 것을 정당화해주는 부분이다. “구술로 보존된 말의 기록으로 보는 호메로스 서사시는 (…) 진정한 구술 기록임을 구별하기 위한 다음 기준을 충족한다. 1) 문자와 접촉하지도, 오염되지도 않은 사회에서 지어졌다. 2) 그 사회는 구술 시대에도 문자 시대에도 정치적, 사회적으로 자율적이었고 따라서 자신의 정체성을 확고하게 의식하고 있었다. 3) 이 의식을 보존하는 책임이 언어에 지워져 있는 이상 이 언어는 애초부터 예외 없이 구술 기록물이 되어야 했다. 4) 이 언어가 문자로 옮겨 적히게 된 시점에 이를 위해 만들어진 발명품은 바로 그 사회 안에서 바로 그 언어를 말하는 사람들이 발명한 것이다. 5) 그 발명품을 활용하여 무엇이든 말하고 보존할 것을 문자로 옮겨 적는 과정 역시 그리스어를 말하는 사람들의 통제를 받았다."(해블록 1978a, 339쪽)

구술성이 문자성으로 바뀐 사례 중 이 다섯 가지 조건을 모두 충족하는 다른 예는 없다. 쿡 선장이 들렀던 타히티는 첫 세 가지 조건은 충족하지만 그것이 전부다. 스코틀랜드 고지대에서 기억에 기록된 구술 풍습은 2번과 4번 요구조건을 충족한다. 아프리카에 남아 있는 구술 '문학'은 2번과 3번 조건을 충족한다. 그리스 경우에는 이런 조건의 효과를 특히 주목하며 강조할 필요가 있는데, 구술 생활과 알파벳 생활 모두를 그리스인 스스로 사회적으로 완전히 통제했다는 것이다. 한편으로 그들은 이웃들이 사용하는 다른 문자 체계를 받아들여야 한다는 압력을 받지 않았다. 이웃들의 문자 체계는 너무 비효율적이어서 그들 자신의 발명품과 경쟁할 수 없었고, 오늘날 전해지는 그리스어 글 중 그런 문자 체계로 적혔다고 알려진 것은 없다. 기원전 5세기에 이르러 그리스인과 비그리스인 사이에 일어난 (투키디데스가 전하는) 외교적 사건을 보면 이것을 알 수 있다.(해블록 1982a, 85~86쪽)* 또 한

* 이 부분에서 해블록은 페르시아에서 파견된 밀사가 붙잡힐 때 가지고 있던 문서를 그리스 알파벳으로 옮긴 방법을 설명한다. 문서는 페르시아에서 사용하는 쐐기문자로 쓰여 있었는데, 해블록은 그것을 글에서 글로 직접 '번역'한 것이 아니라 그 중간 과정에 말이 개입됐다고 본다. 즉, 페르시아 말과 그리스 말을 다 할 줄 알고 페르시아의 쐐기문자를 읽는 기술이 있는 사람이 있었고, 그 사람이 그것을 소리 내어 읽어가면서 그리스 말로 통역하면 누군가가 알파벳으로 받아 적었다는 것이다.

편으로 1) 이 발명품은 그것을 새길 도구를 가지고 있었던 최초의 사람인 석수와 도공이 다루던 것이고, 2) 이들이 헌정 등의 목적으로 그것을 새 인공물이나 이전에 만들어진 인공물 표면에 새겼다고 가정할 때, 그것이 전문 구송시인이 다루던 구술 저장이라는 유서 깊은 언어학적 기술에 곧장 위협이 되지는 않을 것이다. 그것은 사회적으로 문화의 중심이 되는 조직화된 공연에 아무런 위협이 되지 않았다. 알파벳은 용도와 자격이 사회적으로 인정되지 않은 '굴러온 돌'이었다. 사회 지도층은 모두 음송하고 공연하는 사람이었다. 플루타르코스가 묘사하는 일화를 보면 테미스토클레스 시대의 아테나이가 여전히 그랬다는 것을 알 수 있다.(「키몬의 생애」 484a1)* 기원전 5세기 말엽 이전에 초등학교에서 문자를 조직적으로 가르치는 일은 일어났을 가능성이 낮고, 그에 관해 처음으로 증언한 사람은 4세기 초 플라톤이었다.(해블록 1982a, 39~40쪽)

모든 것을 타당하게 고려할 때 알파벳은 즉각적으로 받아들여진 게 아니라 저항이 있었다고 판단되며, 저항이 옅어진 속도는 대단히 많은 간접적 증거를 취합해야 판단할 수 있을 것이다. 기원전 5세기 말엽 에우리피데스가 지은 『히폴리토스』 이전의 그리스 희곡에서는 쓰기와 아울러 읽기를 인간의 당연한 활동으로 취급하지 않는다.(앞 2장 참조) 원시 구술성이 그리스로부터 사라져간 속도는 느렸고, 얼마나 느렸는지는 문자 저장 언어가 구술 저장 언어를 대치한 정도에 따라 결정될 것이다. 크레타에는 '법'(테스모스θεσμός, 더 정확히 말하면 '판결')을 새긴 흔적이 살

* 만찬에 초대된 키몬 장군이 좌중의 요청에 노래를 부르고, 사람들은 노래가 좋았다고 키몬에게 찬사를 보낸다. 이때 사람들은 테미스토클레스가 자신은 노래도 악기도 배우지 않았다고 스스로 말했다고 전하는데, 그가 그렇게 밝혔다는 사실 자체에서 지도층 사람의 공연이 당연시됐음을 알 수 있다.

아남아 있는데 아마도 7세기 말 만들어졌을 것이다. 일관성이 있는 최초의 글(벽에 쓰인 것)은 기원전 450년경의 것으로 추정된다. 소위 히오스 헌법은 아마도 그보다 100년 앞서 새겨졌을 것이다. 앞서 말한 것처럼 5세기 말 개정된 아테나이의 '법규'와 아울러 이런 금석문 기록은 그런 판결이 구술 암기 사항이던 시기에 요구된 관용표현의 흔적을 여전히 지니고 있다.(해블록 1982a, 205~206쪽)

원시 구술성 조건에서 저장 언어는 서사시 음송회나 합창, 제의 공연, 희곡 상연, 향연에서 '발행'되는 개인적 노래 등에서 복합적으로 표현된다. 이를 위해서는 상당히 큰 사회적 공간이 요구된다. 그 내용을 문자로 옮긴다 해도 절대로 금석문의 내용물은 될 수 없었다. 이것은 매체로서 제약이 너무나 컸다. 문자로 저장하려면 상당히 많은 양을 자유로이 적을 수 있는 표면을 찾아내야 하는데, 고대의 경우 그것은 양피지나 파피루스였다.

제한적이지만 석판이나 밀랍 서판, 심지어 모래(요한복음에 서술된 사건이 사실이라고 믿는다면 기원후 1세기에도 사용되었다)까지도 사용됐다. 그러나 모래는 거의 소리 자체만큼이나 금방 사라지는 매체였음이 분명하다.

양피지나 파피루스에 새겨진 새로운 문자들은 우리가 위대한 문학이라 부르는 최초의 글들을 담고 있지만, 당연하게도 당시 그리스인은 그것을 구술 풍습의 연장으로 보고 자신의 문화를 위한 교훈적 기능도 아울러 수행할 것으로 기대했다. 우리는 그것을 '문학'이라 생각하지만, 그들에게는 무시케μουσική를 가르치는 도구이기도 했다. '헤시오도스'라는 이름(앞 2장 참조)은 일반적으로 시기는 확실치 않으나 역사적으로 일어났다고 하는 사건과 그것을 서술하는 저자가 서로 연관돼 있는 사례 중 저자의 신원을 확인할 수 있는 최초 인물의 이름으로 간주된다.(웨스트 1966,

40~48쪽; 1978, 30~32쪽)* 명확한 인물과 확실한 연도(기원전 648년)와 확고하게 연결시킬 수 있는 최초의 글은 파로스의 아르킬로코스가 지은 것이라는 견해가 그보다 더 그럴 법하다.(해블록 1982a, 103쪽)† 그의 시구가 개인적일지는 몰라도, 남아 있는 것이 매우 적기는 하지만 현존하는 그의 글은 많은 부분이 권고와 충고와 금언과 우화와 제의적 찬양을 담고 있다. 간단히 말해 그의 시대에 구술로 전해지는 전통을 계속 기리고 있는 것이다. 확실히 그의 연대는 기원전 7세기의 첫 사분기가 끝나는 무렵까지는 알파벳을 사용할 수 없었다는 가설을 뒷받침한다. 그 뒤로도 많은 내용을 옮겨 적는 용도에 알파벳이 널리 쓰이게 되기까지는 시간이 걸렸다. 적어도 우리가 오늘날 가지고 있거나 어느 정도 알고 있는 것과 같은 글이 공급된 양은 기원전 5세기가 될 때까지 미미했다.

물론 최초로 새겨진 금석문의 예에서 보는 것처럼 완전히 초기의 문학은 대부분 실전됐다고도 주장할 수 있다. 나중에 요약된 형태로 전해지고 있는 소위 서사시권‡이 이와 관련하여 언급

* 렐란토스 전쟁을 말한다. 헤시오도스는 이 전쟁을 직접 언급하지 않지만, 『일과 날』에서 이 전쟁에서 죽은 어느 영웅의 장례를 치를 때 아들들이 그를 기리기 위해 개최한 노래 경연에 참가하여 우승한 사연을 들려준다.(654~659번째 줄) 웨스트는 『신들의 계보』가 지어진 시기를 기원전 730~700년으로 추정하면서 그 근거의 하나로 이 전쟁을 언급한다. 다만 이 전쟁의 구체적 성격에 대한 견해는 학자에 따라 다르고, 심지어 실제로 전쟁이 있었는지조차 확신할 수 없다는 의견도 있다.

† 아르킬로코스는 시에서 개기일식을 노래하는데, 일반적으로 기원전 648년에 있었던 개기일식을 가리키는 것이 확실하다고 간주된다.

‡ 서사시권Epic Cycle은 트로이아 전쟁을 주제로 삼은 고대 그리스의 서사시 『퀴프리아』『아이티오피스』『소 일리아스』『일리오스의 함락』『노스토이』『텔레고네이아』 등을 통칭하는 이름이다. 시의 내용은 그리스·로마 시대 내내 인기를 끌었으나, 현재는 전해지지 않고 요약으로나 단편적으로만 전해진다. 여기에 『일리아스』와 『오디세이아』를 포함시키기도 하지만, 호메로스의 작품과 구별하는 뜻으로 이 용어를 쓰는 때가 많다.

되는 때가 많다. 다만 거기 포함되는 시가 생각만큼 옛 것이 아닐 가능성이 있고, 그에 관해 오늘날 남아 있는 가장 오래된 기록은 고대 후기의 것이다.

이와 관련하여, 자신의 과거를 바라보는 후대 그리스인의 문자적 관념과는 대조적으로, 기원전 6세기와 5세기 그리스인은 호메로스와 헤시오도스라는 이름을 같은 직업에 종사하는 두 동업자를 가리키는 것처럼 사용했다는 점은 주목할 만하다.(크세노파네스, 헤라클레이토스, 헤로도토스, 알키다마스—이들 자신의 인식에 따르면 이 직업은 오락보다는 교육이었다) 호메로스와 헤시오도스가 가르친 내용을 철학자 두 사람은 비난하고 있지만 헤로도토스는 지지한다. 호메로스와 헤시오도스가 공동으로 수행한 기능을 기원전 4세기의 플라톤은 선배 철학자들과 마찬가지 관점에서 바라보며 비난한다. 나아가 헤라클레이토스는 같은 맥락에서 호메로스를 아르킬로코스의 동업자로 취급한다. 소크라테스 전 철학자 두 사람은 호메로스와 헤시오도스를 언급할 때나 아르킬로코스를 언급할 때 모두 편안한 어조를 사용하는데, 이를 보면 자신이 언급 대상으로부터 시대적으로 그리 멀리 떨어져 있지 않다고 생각한다는 인상을—인상일 뿐이지만—받는다. 실제로 헤라클레이토스는 한 대목에서 거의 호메로스가 아직 살아 있을 수도 있는 것 같이 언급한다. 이 모든 것을 볼 때 기원전 6세기 말 호메로스라 알려진 사람 그리고 헤시오도스라 알려진 사람도 대중 사이에 유포된 지 그리 오래되었을 리 없다는 생각을 금할 수 없다. 물론 '유포'는 헤라클레이토스가 명확히 밝히고 있는 것처럼 음향 공연을 통해 발행한다는 뜻이다.

그리스 구술성에 관한 특수 이론은 따라서 알파벳이 발명된 뒤 사용되기까지 저항 기간이 길었다는 전제를 필요로 하며, 그에 따라 다음 두 가지 전제를 요구한다. 1) 저장 기술이라는 의미에서 보는 원시 구술성 언어 및 사고 형태는 알파벳의 발명이 일어난 이후 오랫동안 존속했고(개략적으로 말하자면 실제로 에우리피데스가 죽을 때까지 약해진 형태로 존재), 2) 전성기 고전 시대 그리스 문학의 성격과 그것이 역사적으로 독특하다는 점은 이 사실과 분리하여서는 이해할 수 없다. 그에 따라 우리는 그리스의 경우 음성학적 효율이 뛰어난 알파벳이 구술성을 문자성으로 대체하게 될 운명이었던 반면, 역사적으로 알파벳에게 맡겨진 최초의 임무는 구술성이 대체되기 전에 구술성 자체에 대한 설명을 자세히 묘사해두는 것이었다는 역설과 마주치게 된다. 대체 과정이 느렸으므로 이 발명품은 문자성 언어로 천천히 변화해가고 있던 구술성을 기록하는 데 계속 사용됐다.

정확히 어떤 변화가 있었는지는 다음 장에서 다룰 문제다. 솔직히 말하자면 이때 있었던 어투와 어휘 변화는 문자인인 오늘날의 우리 취향으로는 반가운 쪽일 것이다. 우리로서는 투키디데스보다는 플루타르코스가, 핀다로스보다는 테오크리토스가 더 읽기 쉽다. 그러나 곧장 이런 변화를 생각하기에 앞서, 알파벳의 효율 덕분에 먼저 생겨난 이점은 구술로 보존된 말을 전부 쉽고 명확하게 옮겨 적을 수 있는 문자가 제공됐다는 점이라는 사실을 이해할 필요가 있다. 음향에 담아 입에 올리는 것이라면 무엇이든, 무슨 뜻이든, 무슨 감정, 무슨 표현이든 이제는 듣고 나면 흔히 쓰는 표현대로 '고스란히' 글로 적을 수 있었다. 그 이전 문자 체계에서는 언어를 그처럼 완전하게 시각적으로 담을 수 없었고, 그 때문에 해석에 어려움이 따랐으므로 사용하는 데 한계가 있었다. 그들은 자기 사회의 구술성을 단순화시킨 형태로 기록했고, 그래서 온전한 원래 형태의 구술은 돌이킬 수 없이 사라졌다.

이것이 그리스의 구술성을 따로 다룰 특수 이론이 필요한 이유다. 그것이 알파벳으로 옮겨 적힌 것은 역사적으로 독특한 사건이었다. 구약성서에 들어 있는 히브리어의 예는 그와 똑같은 사례가 아니다. 새기는 도구가 불완전했다. 그것으로는 원래의 구술 전통이 지니는 풍부함을 한껏 '들을' 수 없었다. 문자로 적힌 어휘를 보면 생각과 행동을 모두 단순화하여 경제적으로 표현하려는 경향이 꾸준히 나타난다. 이로써 기록에 제의적 위엄이 더해지지만, 그 대가로 복잡한 육체적, 심리적 반응은 생략된다. 이와는 달리 호메로스의 문자로 전달되는 기록에서는 유동적이고 활발한 특징이 뚜렷하게 고스란히 살아난다. 오늘날 남아 있는 수메르와 바빌론의 소위 '서사시'에서도 똑같은 제약이 나타난다. 길가메시 이야기는 표현의 경제성을 살려야 하는 예를 보여준다.(해블록 1982a, 168~170쪽)* 이런 판본은 필경사들이 사용하고 읽고 또 어쩌면 행사 때 읊었겠지만, 민중이 참여하는 축제에서 널리 읊지는 않았다.

그런 문자는 인간의 경험 이야기를 제의화하고 따라서 단순화한 다음, 이렇게 단순화된 이야기에 정본이라는 지위를 부여하는 경향이 있다. 그와는 달리 원시 구술성은 자신의 사회를 유연하고 직관적으로 통제하고 인도하며, 그리스 알파벳으로 옮겨 적히고도 이 유연성을 이어나갔다. 그 밖의 문자로 적힌 정본은 더 엄격하고 강박적이었다. 그런 정본은 '법률을 일 점 일 획까지 그대로' 적용함으로써 작동했다. 원래의 구술성은 교의와 교리 때문에 훼손됐다.

그리스 이야기에는 이런 식으로 제약을 가하는 요인이 없다. 제도화된 사제직도 하나 없었고, 새겨 쓰고 있는 것을 가지고 정전을 만들겠다는 시도도 없었다.

창세기의 천지창조 이야기를 호메로스와 헤시오도스에서 나타나는 우주론과 비교해볼 수 있다. 전자는 규격화된 이야기로서 단순한 숫자를 사용하여 1부터 7까지 산술적 간격으로 나열한다.

* 해블록은 홍수 이야기를 다룬 부분을 분석하는데, 『길가메시 서사시』의 여타 부분과는 달리 이 부분에서는 특이하게도 사용된 어휘가 비교적 풍부하지만, 그럼에도 표현의 반복이 많다는 점을 지적한다.

후자는 다양하고 예측할 수 없는 우주의 성질과 그 힘을 인격화하여 서로 대립하거나 충돌하는 모습으로 기록한다.(해블록 1981) 창세기 이야기는 페니키아 문자로 (또는 히브리 문자로) 성문화 작업이 이루어지기 전에 히브리인 가수가 노래로 자기 민족에게 들려주었을 원래의 이야기와는 종류가 다르다.

그리스에 관한 특수 이론에서는 구술성이 문자성으로 대체된 과정이 느리게 일어났을 것이 확실하다는 점을 인식하는 것이 요구되므로, 우리는 또 일반적으로 전성기 고전 시대 그리스의 필서 문학이라고 보는 저 걸작 서사시, 교훈시, 서정시, 합창, 희곡 안에서 구술성이 생존력을 발휘하고 있다는 점도 인식해야 한다. 그 출발점은 명확하다. 처음부터 그리스 문학은 산문이 아니라 시구로 지어졌고, 아테나이에서는 이것이 대략 에우리피데스가 죽을 때까지 계속됐다.

입증된 최초의 예외는 모두 이오니아어로 적힌 작품들이다. 그 저자들을 대충 연대순으로 나열하면 시로스의 페레키데스(그가 쓴 책을 실제로 "산문으로 쓴 최초의 책으로 판단"할 경우—레스키 1966, 161쪽 참조), 밀레토스의 헤카타이오스, 클라조메나이의 아낙사고라스, 압데라의 프로타고라스, 할리카르나소스의 헤로도토스, 히오스의 이온, 아테나이의 페레키데스이다. 이들은 그리스의 산문 글쓰기가 해외에서 들어왔다는 증거가 된다. 이 증거는 보편적으로 인정되고 있는 것처럼 알파벳이 본토에서 발명되지 않았다는 결론과 일치한다. 나아가 그리스 동부 도시들이 알파벳을 먼저 적용하고 또 그것을 가르치는 학교 교육을 먼저 발달시켰다고 추론하는 것이 합리적이며, 이 저자들은 그 수혜자였다.

시구화한 언어는 개개의 표현 양식이나 지은이 개인의 목적과는 상관없이 저장 언어이며, 시구화한 언어의 내용물은 일률적으로 신화적, 즉 전통적이다. 호메로스는 전설상의 미케네를 이용하여 그 시대 그리스 사회에서 권장되던 에토스와 노모스로부터 얼마나 떨어져 있는지를 알려주었고, 그의 뒤를 이어 교훈, 서정, 합창, 희곡 언어를 지은 사람들도 그랬다. 아테나이의 희곡들은 고리타분한 이야기를 들려주는 것처럼 가장하며 당시의 폴리스와 그 관심사를 다루었다. 핀다로스는 후원자들에게 들려주는 합창을 지으면서, 신화를 이용하여 당시 미덕으로 여겨진 무술과 경기의 용맹을 칭찬하는 한편 지나치지 않아야 한다는 경고도 함께 전달한다. 아이스킬로스는 피의 복수가 지배한 어제의 아테나이를 시대를 거슬러 미케네에 투사하며, 그런 상황을 벗어나 법치가 행해지는 오늘의 아테나이를 찬양한다. 소포클레스는 전설상의 오이디푸스를 통해 역병과 자신이 만든 정책에 대한 자기 과신에 짓눌린 페리클레스 시대 정치가를 보여준다. 에우리피데스는 『히폴리토스』에서 테세우스가 다스리는 전설상의 아테나이를 이용하여, 성적 행동과 관련하여 당시 아테나이에서 눈에 띄기 시작한 두 가지 상반된 기준을 규명한다.

구술성이 살아 있었다는 사실에서 에우리피데스까지의 그리스 문학이 왜 공연으로 창작되었는지 또 왜 공연 언어로 창작되었는지도 설명된다.

청중은 예술가를 지배한다. 여전히 예술가는 작품을 지을 때 청중이 들은 것을 암기할 수 있게끔 할 뿐 아니라 일상에서 쓰는 말에서 그것을 흉내낼 수도 있게 해야 한다는 점에서 그렇다. 고전 시대 그리스 극장 언어는 그 사회의 오락이었을 뿐 아니라 그 사회를 떠받치기도 했다. 그 언어는 맡겨진 기능적 목적을 생생하게 증언하고 있다. 그것은 공유된 소통을 제공하는 수단이며, 피상적 소통이 아니라 역사적, 윤리적, 정치적으로 의미 있는 소통이다. 그것은 도시의 에토스와 노모스를 계속 모방(미메시스μίμησις)하는 것이었지만(베르낭 1967, 107~108쪽; 해블록 1982a, 267~268쪽) 간접적으로 실행됐다. 디오니소스의 극장에서는 그 전해의 전투로 인한 고아들을 기리는 가두행진과 공공 예식에 그 장소를 먼저 사용하기 전에는 연극을 무대에 올릴 수 없었다.

교훈적 기능에 가장 선명하게 초점을 맞추는 부분은 주로 그리스의 합창으로, 그리스 생활의 법률적 측면을 (또는 그에 관한 고찰을) 계속적으로 시연(미메시스)하는데 때로는 줄거리와의 연관성이 느슨해지기도 한다. 이런 부분이 연극의 핵심을 이루고 있었는데, 오늘날 문학적으로 개작한 것에서는 그다지 중요하지 않은 부분으로 취급되는 때가 너무도 많지만 고전 시대 그리스에서는 절대로 그렇지 않았다.

플루타르코스가 전하는 일화에 따르면 시칠리아에 있던 아테나이인 전쟁 포로는 에우리피데스의 합창을—대사나 이야기가 아니라—읊는 능력이 있으면 사로잡은 측이 그 포로에게 자유를 주었다. 이것은 그들이 가장 암기하기 쉬운 전통 언어였는데, 그것을 읽고서가 아니라—희곡을 묵독하는 일은 그 세기 말에 가서야 처음으로 언급된다(해블록 1982a, 204쪽)—듣고 암기했으며, 그것도 한 번만 들은 것이 아니기 때문이었다. 플라톤 시대에는 시골에서 연극이 반복적으로 공연되는 것이 보통이었다. 플라톤 자신이 직접 그렇게 말한다.(『국가』 V.475d) 그로부터 한 세기 전 아테나이에서 공연된 어느 유명한 연극(『밀레토스의 함락』*)은 너무나도 감정이 북받치게 했기 때문에 재상연이 금지됐다. 연극제는 원시 구술성이 사회의 에토스를 지배하는 수단을 보존해주었는데, 저장된 정보 즉 살아 있는 기억 안에 보존된 본보기를 되풀이하여 들려줌으로써 그렇게 했다. 그런 공연에 적합한 물리적

* 기원전 6~5세기에 활동한 고대 그리스의 비극시인 프리니코스가 지었다. 이 연극은 이오니아 반란 때 페르시아가 밀레토스를 함락한 직후 지은 것으로 보고 있다. 불행을 되새기게 한다는 이유로 프리니코스는 벌금형을 받았고 연극은 상연이 금지됐다고 한다.

시설을 세우는 일이 지속됐다는 것이 헬레니즘 시대의 한 가지 특징이며, 그것은 그 효과와 그것이 행하는 마법에 바치는 찬사였다. 그리스인은 극장 없이는 살 수 없었다.

무엇보다도 원시 구술성 감각은 문자로 적히는 과정에서 그리스인이 쓰는 말 자체의 행동 방식 안에 살아남았다. 그리스의 희곡에는 단테가 (나아가 밀턴이) 보여주는 것과 같은 주장이나 믿음, 짜인 교리 같은 것은 없지만, 말이든 생각이든 표현이 풍부한 역동성이 들어 있다. 희곡 안 어디에서도 관념적 주어와 관념적 서술어가 계사* 'is'(–는 –이다)로 연결되는 예를 찾아내기가 어렵다. be 동사가 사용된다 해도 여전히 존재, 힘, 상황 등을 나타내는 구술의 역동성 측면의 기능을 담당하는 쪽이 선호된다.

추상 원리를 진술하는 언어학적 틀이 전혀 없다는 사실 덕분에 전성기 고전 시대 그리스 말은 부럽게도 희한하게 직선적이었다. 즉, 위선이 없는 것이다. 구술로 기억되는 말은 특정적이어서, 삽을 삽이라 부르고 땅을 파도록 만든 도구라고 부르지 않는 효과가 계속 유지된다. 말로 찬양도 하고 비난도 하지만, 만들어낸 추상 원리를 바탕으로 도덕적으로 찬성하거나 반대한다는 차원에서 그려지는 않는다. 그리스 연극의 등장인물은 달갑잖은 상황에 처할 때 이론을 가져와 빠져나오지 않는다. 그는 특정한 동기를 가지고 그 상황 속으로 걸어들어가고, 나중에 실제로 무슨 일이 일어났는지를 인식할 때 필요하면 그대로 받아들인다.

전성기 고전 시대 그리스 언어를 현대의 문자성 말투로 옮길 때, 그 효과를 원래 말과 비교해보면 구술성 말투의 역동성과 아울러 문자성 통사법으로 옮기는 과정에서 어떤 일이 일어났는지

* 언어학에서 계사copula는 어떤 명제를 나타낼 때 주어와 서술어를 연결하는 용도로 사용되는 말을 가리킨다. 영어에서는 be 동사가 대표적이다. 한국어에서는 대개 '–이다'나 '–이 아니다'가 변형된 형태로 서술어 안에 들어 있다.

가 당장 드러난다. 오이디푸스는 자기 도시의 상황을 묘사하는 연설을 청중에게 다음과 같이 들려줌으로써 자기 이름을 제목으로 하는 연극을 시작한다. "도시가 냄새와 소리에 무겁게 짓눌려 있고.(The town is heavy with a mingled burden of sounds and smells)"(그린 1954)* 현대 영어로 번역되어 널리 쓰이는 이 대사에서 주어 'town'(도시)은 계사 'is'로써 서술어 'heavy'(무겁다)와 연결되며, 서술어는 다시 'mingled burden'(뒤섞인 짐)으로 부연된다. 문법적 구조는 간단하고, be 동사와 전치사 'with'로 만들어지는 연결 관계에 따라 항목에 항목이 더해진다. 문장 전체의 효과는 정적이다. 의미가 하나씩 하나씩 쌓인다. 원래 그리스어는 다음과 같다. "타는 향에 도시 전체가 부풀어 오르고." 여기서 만들어지는 이미지는 역동적이다. 도시 자체가 임신한 여성의 배처럼 팽팽하게 부풀고 있다는 것이다.

이어 화자는 (영어판) 이렇게 말을 계속한다. "나는 이것을 사자들로부터 전해 듣는 게 적절하지 않다고 생각하고.(I did not think it fit that I should hear of this from messengers)" 즉 그는 속으로 세운 계획을 진술하는데, 그러기 위해 관용용법으로서 비인칭 'it'이 요구되며 'that'으로 시작되는 종속절로 설명해줄 필요가 있다. 그리스어로는 다음과 같다. "[나는] 사정을 [여러분이나 나 자신이 아닌] 다른 사자들을 통해 판결하지 않기로 하고." 능동적 정신적 노력을 묘사하는 언어가 "(…) 게 적절하지 않다고 생각하고"라는 식으로 객관화됐다. 그리스어의 '다른'이라는 낱말에는 다음과 같은 역동적 양의성이 들어 있다. "당신으로부터 듣고자 한다. 내가 직접 듣고자 한다." 현대의 문자성 어투에서는 이쪽 아니면 저쪽을 선택하도록 요구하며, 둘 다 선택하는 것은 허용되지 않는다.

* 향 냄새와 기도 소리와 사람들의 신음 소리를 말하며, 이는 오이디푸스가 다스리는 도시 테바이에 역병이 돌고 있기 때문이다.

이어 영어판은 이렇게 계속한다. “그대는 늙었고 그들은 어리오(You are old and they are young).” 이것은 두 부류의 사람들을 정의하는 명제로서 be 동사가 두 번 요구된다. 그리스어 원본에서는 한 사람이 다른 사람에게 단순하게 요청하는 것으로 표현하며, 요청할 때 다음처럼 역동적 과정을 나타내는 동사를 사용한다. “자 노인어른, 말하시오. 그대는 여기 이들 [가리키며] 앞에 나서서 말을 해도 될 만큼 나이가 들었소.” 이런 방법으로 오이디푸스는 마주 대하고 있는 노인을 자신과 대비시켜 노인의 살아 있는 존재감과 성격을 일깨워준다.

그런 다음 그는 대사를 말할 차례를 그 사제에게 넘기기 전 마지막 대사를 말한다. 대사는 be 동사로 힘 있게 시작하지만, 무미건조한 단음절로 앞뒤를 이어주는 영어의 be 동사가 아니라 나팔처럼 제소리를 완전히 내는 두 음절짜리 낱말이며, 약강격에 해당하는 시구의 첫머리에서 그들의 지배자로서 자신의 존재와 존재감과 지위와 자격을 선포한다. “내가 고통스러워할 줄 모르는 존재라 할 것이오.” 문자성 언어로 번역하면 이것은 “내가 너무나 무정하다 할 것이오(I would be very hard)”가 되어 모든 묘미가 다 사라진다.

이런 예를 수없이 찾아볼 수 있다. 이런 예를 보면 고전 시대 구술성은 번역이 불가능하다는 것을 알 수 있다. 플라톤을 번역하는 일은 훨씬 쉽다. 우리는 계사를 사용하는 명제식 어투에 계속적으로 빠져드는데, 바로 이것이 플라톤이 그리스어를 탈바꿈시켜 만들고자 한 모습이다. 그는 글을 쓰기 시작한 뒤로 이를 위해 일생을 바쳤다. 시를 적대시할 때 그가 유감으로 여긴 것은 바로 역동적이고 유동적이며 구체적이고 특정적이라는 시의 성격이다. 본인이 문자인이 되지 않았다면 그는 시를 유감으로 여기는 지경에 이르지 않았을 것이다.

소포클레스 시대 이후로 마음이 하는 말과 마음 자체에 많은 일이 일어났다. 우리는 행동의 언어, 행위 또는 부분적으로 느낌의 언어를 유지하는 한편, 그 언어를 사실 진술로 보완하는 동시에 부분적으로 대체했다. 분사와 동사와 동명사처럼 행동하는 형용사가 관념적 실체와 추상 개념과 생각의 대상에게 자리를 내주었다. 구술 그리스어는 생각의 대상이라는 것이 무엇인지 몰랐다. 뮤즈는 글쓰기를 배우면서 우리 앞에 살아 펼쳐지는 경험과 그 끊임없는 흐름을 외면해야 했다. 그러나 그리스인으로 남아 있는 한 그것을 완전히 잊어버리지는 못했다.

10 그리스 문자성에 관한 특수 이론

사람의 마음이 실제로 어떻게 작동하는지, '생각'이라 부르는 것이 어떻게 형성되는지는 쉽게 파악해낼 수 없는 불가사의이다. 다양한 유파의 철학자는 감각으로부터 마음을 분리해내 그것을 자율 규제가 이루어지는 하나의 '실체'로 취급하고 이해하며 탐구하는 쪽을 선호할 것이다. 여기에는 마음이 그 자신을 이해하는 일에 착수한다는 역설이 수반된다. 이것은 논리적으로 불가능할까, 형이상학적으로 불합리할까? 이것은 일찍이 기원전 430년 아테나이의 소크라테스가 내놓은 목표였던 것으로 보인다.

그리스 문자성에 관한 특수 이론에서는 우리의 감각 사용 방식과 생각 방식은 서로 연결돼 있고, 그리스 구술성이 그리스 문자성으로 전환되면서 이 연결 조건이 달라졌으며 그 결과 생각 양식 역시 달라졌고, 그 이후로 내내 구술적 정신 구조와는 다른 상태가 그대로 이어져왔다는 명제를 제안한다.

이야기는 우리 인간의 능력은 100만 년 동안 작용해온 자연선택이라는 압력에 의해 만들어졌다는 다윈의 혜안에서 출발한다. 인류가 분화하면서 생겨난 가장 큰 특징은 우리가 언어를 사용하여 소통하는 능력이 있다는 사실이고, 그에 따라 특히 인간이 간직해온 것과 같은 종류의 사회가 존재하게 됐다. 사회와 함께 온갖 형태의 문화가 나타났다. 그중 (예컨대 미술이나 건축 등) 물질적인 부분이 많기는 하지만, 문화가 간접적으로 표현하는 소통 행동은 다시 언어학적 소통 활동에 의존한다. 인간의 언어는 그 기초이며, 물질적 업적은 그 상부구조에 해당한다.

'말로 하거나 문자로 적힌'이라는 어구를 생각해보면 초보적인 심리학 문제 하나가 떠오른다. 구술성의 한계가 되는 음향 형태의 소통은 귀와 입을 사용할 뿐 그 나머지 기관은 사용하지 않으며, 오로지 이 두 기관에 의존하여 일관성을 유지한다. 문자로 적힌 소통은 눈의 시각을 더한다. 이것은 단순한 더하기일까, 아니면 반대로 방정식의 한 변수가 다른 변수로 바뀌는 데 지나지 않는 단순 치환일까?

만일 진화 법칙을 그대로 받아들인다면 어느 쪽도 완전히 진실일 수는 없다. 인간은 저 특유의 소통 수단을 "플라이스토세* 중반기 동안 전례 없는 속도로 뇌의 크기가 커지면서" 획득했다. "평균 1000세제곱센티미터이던 머리뼈 용적이 100만 년이 되지 않는 기간에 1400세제곱센티미터로 늘어났다."(마이어 1963, 634쪽)

아울러 자연선택 압력 때문에 얼굴 모양과 용도가 달라졌다. 인간이 나타나기 전 생물의 입은 씹는 수단인 동시에 필요한 먹이를 지킬 뿐 아니라 단단히 붙잡거나 죽이기 위한 무기로서 발달했다. 어떤 2차적 전문화가 일어나 짖고 으르렁거리고 지저귀는 등 완전히 초보적인 음향 소통이 가능해졌다. 인간 언어를 사용할 수 있으려면 "후두의 위치가 낮아야 하고, 치열이 타원형이어야 하며, 이 사이에 틈이 없어야 하고, 목뿔이 후두 연골로부터 분리되어야 하며, 혀가 전반적으로 자유로이 움직일 수 있어야 하고, 입천장이 둥그런 모양을 띠는" 등의 적응이 필요했다.(같은 책, 635쪽)

* 신생대 제4기의 첫 시기로, 기원전 약 258만 년부터 기원전 11700년까지의 기간을 말한다. 빙하기라 부르기도 한다. 인류가 발생하여 진화한 시기이다.

물론 인간은 소통할 때 상대방의 몸짓과 반응을 눈으로 인식하는 만큼 시각에도 의존한다. 그것 하나만으로는 인간 사회를 만들어낼 수도 없고 우리의 본질적 인간성을 만들어내지도 못한다. 사회나 인간성이 우리가 귀와 눈을 사용함으로써 등장했다는 것은 우리가 물려받은 생물학적 유산에 속하는 사실이다. 음향 신호에 반응하도록 생물학적으로 설정되어 있는 습관이 100만 년이 지난 뒤 물리적 인공물, 즉 문자로 적은 글에 사용하는 시각으로 갑자기 대체될 수 있다는 생각, 다시 말해 인간이라는 유기체가 인위적 조정을 대폭 거치지 않고서도 저절로 듣기가 읽기로 간단하게 대체될 수 있다는 생각은 진화의 가르침에 정면으로 위배된다.

문자성을 향한 변화가 일어나면서 인간 사회의 형태에도 변화가 일어났다. 특히 인쇄술의 발명 이후 일어난 변화는 최근 연구자와 역사학자의 눈길을 끌었다.(앞 6장 참조) 그러나 주요한 변화는 문자 자체의 발명과 함께 일어나기 시작했고, 그리스 알파벳이 도입되면서 중대한 고비에 이르렀다. 소통 수단으로서, 또 소통을 저장하는 수단으로서 듣는 행동 대신 보는 행동을 사용할 수 있게 됐다. 이 때문에 사회적으로 어느 정도 조정이 일어났지만, 그 주된 효과는 마음에서 느껴졌고 말할 때 마음이 생각하는 방식에서 느껴졌다.

이 고비가 히브리나 바빌론이나 이집트가 아니라 그리스의 고비가 된 것은 알파벳의 효율이 월등하기 때문이었다. '유창하다'는 것은 언제나 구두로 이루어지는 소통의 특징이었다. 시각 인식 체계로 완전히 전환되려면 그와 비슷하게 시각적으로 유창할 것이 요구됐다. 그리스 이전의 문자 체계로는 그 수준에 다다를 수 없었고, 그래서 구술을 일부 기록하기는 했어도 대다수의 습관으로서 계속 널리 쓰이던 구술과 제대로 경쟁할 수 없었다. 오늘날조차 공식적으로 문자화하지 않은 사회에서는 이것이 현실인 것으로 보인다.(앞 6장 참조)

원시 구술성이 진화라는 미지의 기간 동안 생물학적으로 결정된 하나의 조건으로서 존속했고 또 그 사회적 효력이 음향적으로 암기된 전통에 의존하고 있었다고 한다면, 같은 목적을 위해 그것을 문자로 적는 인공물로 대체할 때 극적이고도 충격적인 효과가 나타나리라는 점은 명백하다. 읽는 사람의 시각이 제3의 감각 수단으로서 추가되었다는 점 말고도, 음향으로 훈련된 기억이라는 일차적 기능이 그 때문에 적어도 이론적으로는 흔적 없이 지워졌고 따라서 저장 언어를 암기 가능한 형태로 유지하려는 압력도 사라져버렸다. 기억 기능이 없어지면서 이 목적을 위해 동원되던 심리적 에너지가 다른 곳에 쓰일 수 있게 됐다.

알파벳이 발명되면서 먼저 나타난 효과는 구술성 자체를 그때까지 한 번도 가능하지 않았던 규모로 기록하는 것이었다. 그리스 문자성에 관한 특수 이론은 독특하게 복잡한 상황을 묘사한다. '문자로 적힌 구술성'(표현의 역설을 허용한다면)의 위력은 그리스에서 새로이 깨닫게 된 알파벳의 위력과 강제로 동반 관계를 맺게 될 정도로 강했다. 후자가 정확히 무엇인지가 이 장의 주제이지만, 그것을 '혁명'으로 규정한다면(해블록 1982a에서처럼) 이론적으로 편리하기는 하지만 고전 그리스 문학이 특히 비범하다는 점을 제대로 나타내지 못한다. 오늘날 글로 대하는 이 대작들은 구술과 문자가 씨줄과 날줄을 이루고 있다. 이 작품들은 우리가 흔히 건축적 눈을 통해 얻는다고 생각하는 '문학적 가치'가 원래 음향적 운율로 형성된 표현 양식 안으로 스며들어가는 변증법적 과정을 거쳐 지어졌다.

암기하려는 압력은 처음에는 조금씩 줄어들다가 아주 약간씩 정도를 더해가며 줄어들었고, 그로 인해 가장 먼저 나타난 효과는 보존할 만한 진술을 모두 서사화하려는 압력이 그만큼 없어졌다는 것이다. 이로 인해 작자는 꼭 행위자 즉 인격체가 아닌 것도 마음대로 담화의 주제로 고를 수 있게 됐다.

이윽고 이들은 생각이나 추상 개념이나 (이따금 우리가 칭하는 것처럼) '실체' 등 비인격 명사에 관심을 기울일 수 있었다. 그 원형이 구술에서 등장한 적이 있기는 하지만 부수적일 뿐이었으며, 인격체에 사용되는 것 같은 확장된 언어의 주제였던 적은 한 번도 없었다.

헤시오도스가 디케δίκη(대개 '정의'로 번역)라는 용어를 '담화'의 형식적 주제로 고른 것은 훗날 탄력이 붙게 될 과정의 시작을 보여주는 좋은 예다. 이 용어는 (호메로스의 작품처럼) 구술로 보존된 말에서 드물지 않게 등장하지만, 언제나 부수적이며 정식으로 논의의 주제가 되는 일은 없다. 구술 암기의 서사 법칙 때문에 그런 선택은 권장되지 않는다.

그것을 주제로 골랐지만 헤시오도스는 거기에 필요한 담화를 완전히 무에서 창조할 수는 없다. 오늘날 우리라면 2000년만큼의 문자성 습관을 이어받았기 때문에 쉽게 해낼 것이다. 이와는 달리 그는 이미 알려져 있는 대로의 구술 말에 의존해야 한다. 보존되어 알려져 있는 말이 그뿐이기 때문이다. 그는 구술 담화에서 어떤 이유로든 디케라는 용어가 등장하는 부분이나 이 용어와 연관시키는 것이 타당하다고 생각되는 사건이 일어나는 부분에 들어있는 서로 연결되지 않은 토막들을 가져와 반쯤 연결된 담화를 직접 구성해야 한다. 그가 내리는 판단은 (관념적이라기보다는) 구성적이다. 또는 어쩌면 재구성적이라고 해야 할 것이다.

이럴 수밖에 없다면 그는 자신이 빌려오고 있는 원래의 담화를 지배하고 있는 서사 형태를 계속 사용하지 않을 수 없을 것이다. 여전히 그는 우리에게 정의가 무엇인지 말해줄 수 없고, 오로지 정의가 무슨 일을 하고 무슨 일을 당하는지만 말해줄 수 있을 것이다. 그는 인격체를 대신할 주제를 발명함으로써 새로운 정신 상태가 형성되는 길을 향해 결정적 한 걸음을 내디뎠다. 그러나 자신이 고른 주제를 서술적으로 정의하는 통사법을 향한 두번째 걸음은 내디딜 수 없다. 여전히 그것은 존재하는 쪽보다는 행동하는 쪽일 것이다. 따라서 73줄에 걸친 육보격*에서 그는 단수형 또는 복수형의 정의가—말하는 목소리로서, 경주에서 달리는 자로서, 학대받는 여자로서, 내가 누군가에게 주는 선물로서, 내가 거리를 두는 사물로서, 제우스의 선언으로서, 상처를 입히는 구부러진 무기로서, 수호자의 보호 대상으로서, 노래로 선포하는 처녀신으로서, 갇혀 있는 포로로서, 땅뙈기로서, 제우스가 인간에게 준 선물로서, 장애로서—실행 주체 또는 실행 대상이 되는 갖가지 역동적 상황을 우리 앞에 펼쳐놓는다. 서로 이질적인 이런 여러 이미지는 혼란을 드러내는 것으로 보일 수도 있겠지만 사실은 새로운 발명의 결과물이며, 언어와 마음의 새로운 영역을 개척하는 여정의 첫 단계에서 피할 수 없는 부분이다.(해블록 1978a, 11장, 12장)

이것을 실현하기 위해 필요한 심리적 동력은 시각을 사용하여 청각을 보충하는 일이었을 것이 분명하다. 이전까지 사용되던 언어에 건축적—음향적이지 않은, 또는 부분적으로만 음향적인—재배치가 가해졌다. 헤시오도스의 이야기에서 차례로 등장하는 다양한 '정의들'은 어느 정도 서로 음향적으로 반복되는 형태를 취하고 있지만 또 모두가 서로 '닮은꼴'이기도 하다. 읽는 눈은 이제 알파벳으로 적혀 있는 구술의 흐름 안에서 그것들이 나타나는 대로 인식하면서 그것들을 들여다보고 읽고 '되훑어볼' 수 있게 됐다. 헤시오도스는 호메로스의 (그리고 어쩌면 다른 사람들의) 구술 글을 '읽을' 수 있었을 경우에만 그런 식으로 작품을 지을 수 있었을 것이다. 다만 그가 읽은 호메로스가 오늘날과 같은 완전한 형태를 갖춘 것은 아니었을 수 있다.

* 헤시오도스의 『일과 날』 중 정의의 여러 모습을 다루는 부분인 213~285번째 줄(총 73줄)을 가리킨다.

알파벳 혁명은 '담화'의 주제로서 화제topic를 만들어낸 데에서 처음 시작됐는데, 이것은 음향적으로 보존되어 암기되는 말을 물리적으로 보존되어 재배치 가능한 시각적 인공물로 전환함으로써 가능했다. 그러나 이 화제는 여전히 인격체로서 또는 인격체가 다루는 어떤 것으로서 행동해야 했다. 구술과 문자 간의, 음향과 시각 간의, 귀와 눈 간의 동반 관계는 여전히 긴밀하며, 눈은 아직 기여도가 떨어지는 동반자이다. 이 동반 관계가 발전하고 지분 비율이 점점 바뀌면서 고전 그리스어 안에서 화제화topicalization가 천천히 그 존재감을 늘려나간다. 그 효과는 특히 유명한 예에서 극적으로 볼 수 있는데, 바로 소포클레스가 『안티고네』의 첫번째 스타시몬*으로 지은 인간의 비범함에 관한 합창이다. 이것은 시작 부분(333번째 줄)에서 공식적으로 제시되는 화제다.† 그 이름은 안트로포스ἄνθρωπος이며, 더 뒷부분(348번째 줄)에서는 아네르ἀνήρ라 불린다.

이것은 일반적 의미의 '사람'을 가리키며, 예컨대 호메로스 같은 구술 작가의 언어 안에 다음과 같이 격언에 포함된 형태로 잠깐씩 모습을 드러낼 수 있다. "나뭇잎이 그렇듯 사람도 마찬가지(…)."‡ 이 격언은 실제로 구술로 지어진 모든 것을 통틀어 가장 추상적 진술에 가깝다. 그러나 그 결정적 특징은 간결하다는

* 고대 그리스에서 비극을 공연할 때 합창단은 극중 배우와 주고받는 노래 말고도 등장할 때, 막간(에피소드와 에피소드 사이)에, 퇴장할 때 따로 노래를 불렀다. 처음과 마지막의 합창은 합창단이 등장 또는 퇴장하며 부른 반면, 막간에 부르는 합창은 제자리에 서서 부른다는 뜻에서 스타시몬στάσιμον이라 불렀다. 주로 그 직전 막의 내용에 관해 노래했다. 참고로, 등장가는 파로도스πάροδος, 퇴장가는 엑소도스ἔξοδος라 한다.

† 『안티고네』 333번째 줄 내용은 다음과 같다. "경이로운 것은 많으나 사람만큼 경이로운 것은 없다."

‡ 호메로스의 『일리아스』 제6권 146번째 줄. 전쟁터에서 글라우코스가 적으로 마주친 디오메데스에게 하는 말이다.

데 있다. 정신 작용으로 볼 때 이것을 생각한다는 것은 펼쳐지고 있는 서사의 흐름을 잠시 벗어나 그 흐름을 어떤 불변하는 상태로 고정시킨다는 뜻이다. 그리고 이 노력은 잠시 동안만 지속될 수 있을 뿐이며, 바로 다음 순간 암기 가능한 서사라는 익숙한 습관으로 돌아간다.

그렇지만 소포클레스의 저 시구에는 확장된 화제가 있으며, 게다가 대단히 암기하기 쉬운 운율로 되어 있다. 사람은 놀라운 생물이다.(333번째 줄) 사람의 열세 가지 위업 내지 특징이 꼭 논리적이라고는 보기 어려운 순서대로 나열돼 있다. 첫째는 항해술, 다음은 농경, 새 사냥, 짐승 사냥, 고기잡이, 가축 길들이기(생계와 관련된 위업들)이며, 다음에는 언어, 사고, 사회적 본능, 건축, 의학, 법률, 국가(폴리스πόλις)가 이어진다.

이 예에서 인류학적 담론의 흔적이 연극의 글에 끼어들어 있는 것이 분명하다. 심지어 기술적 업적까지 언급하고 있다.(365~366번째 줄) 그렇지만 '사람'이라는 화제가 제시되고 묘사되기는 했어도 사람이 무엇인지(be 동사)에 관한 이야기는 전혀 없고, 오로지 '사람'이라는 이름이 붙은 이 안트로포스가 '하는' 것에 관한 이야기만 있다. 우리가 무엇을 하는지를 다룬 짤막한 서사들을 나열함으로써 사람이 하나의 생물 종으로서 지니는 여러 속성을 묘사하고 있다. 사람의 노에마νόημα(생각)조차 '바람처럼 빠르다'. 이런 속성은 사람에 대한 정의가 아니며 추상적으로 개념화된 것이 아니다. 그러나 현재형으로 되어 있는 만큼 정의 언어에 근접한다. 즉, 이것들은 사람이 늘 하는 일인 것이다. 그러나 결정적 낱말인 '늘'이라는 표현은 나오지 않는다.

활동을 나타내는 동사의 포괄적 현재형은 앞서 다룬 헤시오도스의 화제화에서도 부분적으로 많이 나온다. 이런 포괄적 용법, 그리고 '늘 벌어지는' 것이 아니라 눈앞에서 지금 벌어지고 있는 활동을 가리키는 서사에서 나오는 현재 시제 사이에는 차이가 있다. 담화에서 '화제'를 사용하는 것이 일단 습관으로 인정되자, '늘 하는 행동'을 먼저 마련해준 뒤 그것을 '늘 있는 조건', 즉 관계로 바꿔놓을 수 있었던 서술어에 압력이 가중됐다. 동적으로 '벌어지고 있는' 것이 정적인 '사건의 사실'로 대체되기 시작했다. 철학적 언어로 말하면 '되어감becoming'을 나타내던 것이 (통사법의 한 형태인) '존재함being'을 나타내는 것으로 바뀌기 시작한 것이다.

이 변화는 여전히 음향으로 발음된 언어를 듣는 게 아니라 알파벳 형태로 된 언어를 시각적으로 읽는 능력에서 생겨나는 것이다. 그 차이는 다음처럼 아리스토텔레스가 쓴 『정치학』의 첫 부분을 인용함으로써 설명할 수 있다. 여기서 우리는 소포클레스의 것과 똑같은 인류학의 흔적을 보게 되는데, 소포클레스의 합창에 대한 기억이 실제로 담겨 있을 수도 있지만 커다란 차이점이 한 가지 있다.

> 이런 것들을 고려할 때 도시는 저절로 생겨난 것에 속하고, 사람(안트로포스ἄνθρωπος)은 천성적으로 도시 동물임이 분명하며, 어떤 사정 때문이 아니라 천성적으로 도시가 없는 사람(아폴리스ἄπολις, 『안티고네』 360번째 줄과 같다)은 무가치한 [사람]이거나 초인이 확실하고, 호메로스가 "동족도 법도 집도 없는"(아네스티오스ἀνέστιος, 『안티고네』 372번째 줄의 메테 에모이 파레스티오스μήτ' ἐμοὶ παρέστιος와 비교*) 사람이라고 욕한 사람과 마찬가지이다. (…) 동물 중 사람만 담화를 가지고 있다. (…) 사

* 아네스티오스는 '집이 없다'는 뜻으로, 원래는 가정의 중심이 되는 '화로가 없다'는 뜻이다. 호메로스의 이 구절은 『일리아스』 제9권 63번째 줄에 나온다. 파레스티오스는 '화롯가'라는 뜻이며, 『안티고네』의 이 구절은 (무법자에게는) '내 화롯가에 자리를 내주지 않겠다'는 뜻이다.

람은 동물 중 최고이며(벨티스톤 즈도이온 βέλτιστον ζῴων),
그러므로 법과 정의로부터 분리되면 최악이다.

[『안티고네』 332~333번째 줄과 비교:
폴라 타 데이나 쿠덴 안트로푸 데이노테론
Πολλὰ τὰ δεινὰ κοὐδὲν ἀνθρώπου δεινότερον.*]

하나는 기원전 5세기 중반이고 다른 하나는 4세기 말인 두 가지 맥락은 똑같은 정서를 공유하고 있지만, 그럼에도 불구하고 서로 매우 다른 양식의 통사법으로 표현된다. 둘 모두 '사람'이라는 명사를 사용하며, 암기되는 구술성의 전형적 어투였던 '아킬레우스'나 '오디세우스' 같은 구체적 사람이 아니라 일반 명사로 사용한다. 그러나 아리스토텔레스의 글이 적힌 무렵에는 이 '사람'을 무엇을 하는지를 이야기함으로써가 아니라 '그'를 '주어'로 삼아 고정된 어떤 것, 생각의 대상인 어떤 것이라는 뜻을 함축하는 일련의 서술어와 연결함으로써 묘사하는 것이 가능해져 있었다. 서술어가 행동이 아니라 부류 또는 속성을 묘사하는 것이다. 이 목적에 적합한 어투에서 be 동사는 '있는 상태'나 '힘 있게 존재하는 상태'를 나타내는(구술에서 be 동사의 흔한 용법) 것이 아니라 개념 작용에서 필요로 하는 단순 연결을 나타내기 위해 사용된다. 서사화 용법이 논리적 용법으로 바뀐 것이다. 이 개념 어투는 또 그리스어의 서술어가 "천성적으로 (…) 동물 중 최고 (…) 동물 중 최악"('최고의 동물 (…) 최악의 동물'이 아니라)처럼 일반 중성 명사(즉 성별 구분도 없고 인격체도 아닌 명사)를 사용하여 일반화할 것을 요구한다. 일반 중성 명사의 이런 용법은 호메로스의 몇몇 격언에서 나타나지만 (내가 아는 한) 그 이외의 곳에서는 나오지 않는다. 구술에서 중성 명사는 막연한 말의 어투로 쓰이지 않는다. 소포클레스는 이것을 이용하여 『안티고네』 합창을

* 뜻은 앞 132쪽 각주(『안티고네』) 참조.

시작하지만(“경이로운 [것]은 많으나 사람만큼 경이로운 [것]은 없다”) 그것으로 끝낸다. 이것은 비극에서는 호메로스와 마찬가지로 비교적 드물다. 반면에 철학에서 이 용법은 특히 그리스어 정관사에 적용된 형태로 개념적 의미를 전달하는 데 도움을 주었다.(스넬 1924)

어투에 이런 개념적 발전이 일어난 원인을 문자로 적힌 알파벳에서 찾는 것은 부자연스럽지 않다. 두 ‘저자’ 사이의 그런 차이를 설명하는 표준적 방법은 두 사람의 직업이 하나는 시인이고 또 하나는 철학자로 서로 다르며, 그에 따라 두 사람의 어휘가 서로 다르다는 빤한 사실에 의지하는 것이다. 이것은 각기 나름의 어투가 있는 두 전문직을 5세기 그리스인이 마음대로 고를 수 있었고, 또 소포클레스 같은 사람은 오늘날 같은 직업에 종사하는 사람들처럼 우연히 그중 한쪽을 고른 저자였다는 전제를 바탕으로 삼고 있다. 호메로스부터 에우리피데스까지 우리에게 전해오는 글에 포함된 어휘를 들여다보면 이 결론과는 반대되는 증거를 볼 수 있다. 표준적 방법을 대신할 만한 설명은, 이 어투는 구술 암기의 대안이 될 수단이 도입되어 암기를 위해 담화를 짓는다는 압력이 사라지고 나서야 차츰 가능해진 어떤 것을 나타내고 있다는 것이다. 자신이 짓고 있는 것이 살아남게 하려고 애쓰는 작자가 자신이 만들고 있는 인공물이 그저 하나의 인공물로 존재하는 것만으로도 살아남을 수 있다는 것을 알아낸 것이다.

‘즉각적 현재’나 과거나 미래를 ‘논리적 현재’가 되는 ‘시간과 무관한 현재’로 바꿔놓는 일은 플라톤 전 철학자 특히 파르메니데스의 관심사가 됐다. 그의 시구는 실제로 구술과 문자라는 두 어투의 역동적 동반 관계를 그의 시대에 존재한 그대로 생생하게 보여준다. 여기서 그의 방식을 자세히 들여다볼 필요는 없지만, be 동사를 현재형 에스티 ἐστί와 그 중성 일반 현재분사인 에온 ἐόν으로 각색한 것은 그가 볼 때 행동과 사건을—‘되고 있다’와

'사라지고 있다'를—표현하는 호메로스적 언어를 마땅히 대체해야 하는 언어학적 용법을 구체적으로 나타낸 것이어서 눈여겨볼 만하다. 그리스 사상사를 연구하는 사람 사이에서는 이 동사를 논리적, 인식론적, 존재론적 차원에서 논의하는 일이 흔해졌다. 특히 플라톤의 대화편 중 그런 관심사가 전면으로 떠오르는 부분에서 더욱 그러한데, 항상 기억해야 하는 것은 그의 대화편은 글로 적힌 문서이며, 저자가 평생 동안 몰두한 작업의 결실이라는 점이다. 여기서는 이 그리스어 문제는 문제를 일단 그리스 문자성에 관한 특수 이론에서 마련되는 맥락 안에 두고 나면 그 내력이 드러난다고 말하는 것으로 충분하다.

뮤즈는 '하다(do)' 동사 말고 '이다(be)' 동사를 가지고 노래까지는 아니더라도 적어도 글쓰기를 배울 수 있었을까? 호메로스의 뮤즈와 알렉산드리아의 뮤즈에게 공통되는 장르 하나는 주어진 신의 지위와 직능을 기리는 '찬가'였다. 아프로디테에게 바치는 호메로스 찬가의 '저자'는 그녀의 유별난 태생을 암시한 다음 짤막한 서사 이야기로 그녀의 특징 몇 가지를 구체적으로 들려준다. 키프로스를 다스리는 아프로디테는

> 부드러운 물거품을 일으키며 와르르 몰아치는 파도 위로 습한 서풍을 타고 두둥실 떠갔다네. 그리고 그곳에서 사계절이 그녀를 반갑게 맞이하여, 그녀의 몸에 신의 옷을 두르고 불멸의 머리 위에 멋지게 만든 아름다운 금관을 씌웠다네. (…) 그리고 그녀의 온몸을 치장하고는 신들이 있는 곳으로 데려갔다네.
>
> [『호메로스 찬가』 VI, 3~15번째 줄]

이 구절은 이 이후 부분과 마찬가지로 '초상화 그리기'라 할 법한 구술 작가의 표준적 기법을 보여준다. 다만 이것은 정물 초상화가

아니라 영화의 한 장면이다. 아름다운 여성이 바다의 물거품에서 나와 물으로 두둥실 떠가고, 그녀의 내실에서 사람들이 시중을 들며 옷을 차려 입힌 다음, 공식 접견을 위해 기다리는 사람들 앞으로 안내해 들어간다. 여기 사용된 언어는 물거품이 펼쳐진 바닷물의 부드러움, 따뜻한 바람의 습기, 부드러운 손길이 닿는 여체의 피부 등 손으로 만져질 듯한 감촉의 변화가 떠오르게 만든다.

이와 비슷하게 칼리마코스도 다음과 같이 제우스를 찬양하면서 먼저 혈통을 자세히 설명한다.

> 파라시아에서 그대를 낳은 것은 레아, 그곳에는 울창한 숲에 둘러싸인 작은 산이 있었더라. 거기는 성스러운 곳이라 (…) 어머니는 그 위대한 자궁으로 그대를 낳았을 때 개울을 찾았으니, 자신의 몸과 그대의 몸을 씻기기 위함이라. 그러나 저 도도한 라돈 강*도, 맑기가 으뜸인 에리만소스 강도 아직 흐르기 전이니 아르카디아 어디에도 물이 없었더라. 그렇지만 곧 물이 마르지 않는다는 말을 들을 수 있었나니, 레아가 허리띠를 푼 그때 이아온 강 위에는 참나무가 많이 자랐고 멜라스 강은 수많은 마차가 다닐 길이 되어주었고, 카르니온 강은 비록 지금은 물에 잠겨 있으나 수많은 뱀들이 굴에서 살았더라.
>
> [칼리마코스, 『제우스 찬가』, 10~25번째 줄; 로브 영역판]

문자를 아는 독자를 위해 쓴 이 시에는 다음과 같이 구술의 서사적 통사법이 여전히 살아남아 있다. “어머니는 (…) 그대를 낳았을 때 개울을 찾았으니 (…)” (그렇기는 하지만 구술에서는 종속

* 여기서 언급하는 강은 모두 그리스 펠로폰네소스 반도 중부 아르카디아 지방에서 서쪽으로 흘러가는 알페이오스 강의 지류이다.

절을 피하고 병렬 구조로 "어머니는 그대를 낳고 개울을 찾았으니"라고 했을 가능성이 더 높다.) 그러나 통사법이 전체적으로 매우 다르다는 것은 분명하다. 두 표현 양식의 대비를 설명할 때 일반적으로는 명백한 점, 즉 현학적 인유의 비중이 높아졌다는 점을 지적한다. 학문시의 관례에 따라 시구에 현학적 암시가 나타난다는 것이다. 그러나 둘의 차이는 그보다 더 깊어서, 암기를 위한 구술의 서사적 통사법 안으로 문자 묘사의 정적 통사법이 침투해 들어간 데 있다. "그곳에는 (…) 작은 산이 있었더라. 거기는 성스러운 곳이라 (…) 라돈 강도 (…) 아직 흐르기 전이니 아르카디아 어디에도 물이 없었더라. 그러나 곧 물이 마르지 않는다는 말을 들을 수 있었나니(역사적 사실을 나타내는 동사 멜레인 μέλλειν이 사용됨) (…) 지금은 물에 잠겨 있으나 (…)"*

과거 시제가 현재와 뒤섞이기는 하지만, 그것은 암기된 서사 안에서 실행되는 행동을 나타내는 과거가 아니라 역사적 사실을 나타내는 과거이며, 고정된 채 지금 현재의 마음속에 존재한다. 주어와 그 속성을 시간과 부관하게 연결해주는 be 동사는 구술 언어에서는 해낼 수 없었던 방식으로 거기 끼어들어간다. 이것은 영화가 아니라 정물화이며, 글로 그린 초상화이다. 그런데 이것은 시가 아닐까? 뮤즈는 노래를 문자로 적는 법을 배웠고, 그러면서 아리스토텔레스의 언어로 노래하려고 한다.

그리스적 담화—인위적이고 교묘한 말—는 구술성을 벗어나 문자성 안으로 들어가면서 스스로 가치를 낮추기 시작했을까? 여기 있는 여러 형태의 인간적 경험, 인간적 현실로 인식되는 대상은 서로 경쟁 관계에 있다. 한쪽은 극적으로 각색된 서사를 들려주고, 다른 쪽은 같은 종류의 일을 역사적 맥락 안에 놓는다. 관련된 인물들의 개성은 따지지 않을 때(매력 때문에 베누스가 유피

* 해블록이 강조하여 표시한 곳은 로브 영역판에서 모두 계사인 be 동사가 사용된 부분으로, 원래 영문은 순서대로 'was' 'is' 'was' 'was' 'be'이다.

테르보다 유리하다 한들 그것은 우리의 주된 관심사에서 부수적일 뿐이므로), 이 두 가지 담화의 어투 중 본능적으로 선호될 가능성이 높은 것은 어느 쪽일까?

그렇지만 동전에는 양면이 있다. 알파벳화한 말은 그 나름의 자유를 가져다주었을 뿐 아니라 자극까지 안겨주었다. 구술에서는 내용과 표현 양식 모두 전통적인 것과 익숙한 것을 선호했다. 기억 속에 보존해야 하기 때문에 기억할 내용물을 경제적으로 관리할 필요가 있었다. 거기에 내용을 추가하는 일은 천천히 신중하게 이루어졌고, 용량이 극도로 제한돼 있는 만큼 공간을 만들기 위해 이전 것을 잃어버리는 경우도 많았다. 구술 정보는 (다른 시대의 것을 가져와 비유하자면) 압축 포장된 것이다.

문서화에 필요한 자원은 그와는 대조적으로 적어도 이론적으로는 얼마든지 가져다 쓸 수 있었고, 그런 만큼 두 가지 가능성을 보여주었다. 이제 음향에서 벗어나 가시적 유형물이 된 저장고는 확장이 가능했고, 또한 이미 익숙해져 있고 따라서 회상하기 쉬운 것만 문서화할 내용물로 취급할 필요가 없어졌다. 알파벳화한 말은 즉시 유창하게 인식할 수 있는 만큼 이제는 (사람에 따라 마음이 내킬 경우) 색다른 언어와 색다른 진술을 담을 수 있었고, 읽는 독자는 그것을 훑어가는 동안 느긋하게 인식하며 '이해'하고 '숙고'할 수 있었다. 음향적 조건일 때는 이런 작용이 가능하지 않았다. 독자는 또 읽은 내용에 대해 스스로 논평할 수도 있었는데 그 역시 색다를 수 있었다.

이제까지 장단 때문에 가해지던 제약이 없어지자 이 과정은 크게 탄력을 받았다. 산문은 사실과 이론으로 이루어지는 완전한 신세계를 담는 그릇이 됐다. 이것은 언어뿐 아니라 마음의 해방이었으며, 그 효과는 짐작할 수 있듯 본질적으로 산문 영역인 '역사'가 창조됨으로써 가장 먼저 드러났다. 보존된 구술성의 뛰어난 점이 한결같이 서사에 있었다면, 보존된 말을 산문으로 옮길 수 있었던 최초 필자들의 성향은 그 목적을 위해 익숙한 서사 양식을 택하는 쪽이었을 것이다. 그들은 자신의 관심 영역 안에서 '일어난' 일은 무엇이든 과감하게 묘사하기 시작했다. 특히 전쟁에 집중했는데, 전쟁의 무훈은 구술성에 속하는 구송시인이 청중의 관심을 끌고 유지하는 가장 편리한 수단으로서 이미 늘 이용해왔기 때문이었다. 그렇지만 또 보존된 말이 문화 전통의 도구로서 수행하는 교훈적 역할을 그들이 마치 본능적으로 인식하고 있었다는 듯 그리스뿐 아니라 외국 사회의 습속, 즉 에토스와 노모스에도 관심을 많이 기울였다는 점은 중요하다. 이오니아 출신인 헤카타이오스와 헤로도토스가 그 개척자였고, 아티카 최초의 역사학자인 투키디데스가 그 뒤를 이었다.

be 동사는 역사적 '사실' 진술을 위해 필요한 계사로서 천천히 조금씩 등장하면서, 구술 서사의 인물들에게 부여되어 있던 강력하고 유동적인 '존재감'을 대체한다. 포타모스 메가스ποταμός μέγας('강 큰')라는 어구는 구술적 시각을 표현한다.(그리고 부수적으로 육보격의 한 부분을 이룬다.) 그러나 올레노스 포타모스 메가스 에스티Ωλενος ποταμός μέγας εστί('올레노스는 큰 강이다'—헤로도토스)는 시각을 객관적 진술과 비슷한 것으로 바꿔놓는다. (다만 선호되는 서술어는 여전히 상태를 나타내는 기호이다.)

색다르고 비전통적인 것을 향해 길이 열린 덕분에 역사가 자극을 받은 것처럼 철학과 과학도 그 덕분에 만들어졌다. 사실을 다루는 이 새로운 언어와 함께 이론을 다루는 새로운 언어가 생겨났는데, 이 언어는 be 동사라는 수단에 더욱 크게 의존했다.

아리스토텔레스는 철학자로서 글을 쓰면서, 철학은 어떻게 시작됐는가 하는 질문을 던진 다음 심리학적이기도 하고 사회학적이기도 한 답을 제시했다. 전자는 뭔가 인상적인 광경과 마주치면 걸음을 멈추고 경탄하는 인간의 성향을 바탕으로 삼았고, 후자는 '필요 이상'으로 사색을 추구할 수 있는 한가한 계급을 부양할 수 있을 정도로 사회 내에 축적된 '잉여 가치'(마르크스주의적 관용표현을 빌리자면)가 그 기반이었다. 아리스토텔레스의 설명은 그 자신의 리케이온*을 위한 변명도 개입돼 있다고 해석할 수 있다. 같은 시대 사람들의 뒷받침이 있어야 제 기능을 할 수 있는 한가한 사람들의 동아리로 볼 수 있기 때문이다. 그가 이 범주에 속하는 사람들로 언급하는 과거의 선구자들은 알파벳이 발명된 때로부터 한 세기 이내인 (또는 남짓한) 시기에 살았다.

그들의 지적 활동을 묘사하기 위해 그가 고른 낱말은 테오리아θεωρία와 그 동사형인 테오레인θεωρεῖν으로, 둘 모두 뭔가를 들여다보는 행위를 가리킨다. 그가 이 낱말을 골랐다는 사실은 그때 일어난 일의 진정한 진실을 알아낼 수 있는 더 좋은 실마리일지도 모른다. 어떤 지적 작용이 그저 말하는 것을 듣기만 하는 게 아니라 적혀 있는 말을 보는 데서 생겨났다는 것을 무의식적으로 인식하고 있지 않았다면, 그 작용을 나타내기 위한 은유로서 시각을 고를 이유가 어디에 있을까?

구술성과 문자성 사이의, 귀와 눈 사이의 동반 관계가 지속되고 있었기 때문에, 한쪽에서 다른 쪽으로 넘어가는 전환기라는 결정적 순간에 글을 쓴 플라톤은 글을 쓰면서도 개인이 구술로 대응할 때는 말하고 듣는 행위가 더 중요하다는 점을 다시금 주장할 필요가 있었다. 그의 대화편이 말하는 형식을 띠고 있다는 사실 자체가 둘 사이의 동반 관계를 증언하고 있다. 심지어 그중 하나인 『파이드로스』에서는 문자로 된 내용보다 구술로 된 내용에 우선권을 부여하려 애쓰기까지 한다. 다만 그 결과는 모호하다. 그

* 기원전 334년 아리스토텔레스가 설립한 학교이다. 플라톤이 세운 아카데미아와 더불어 고대 그리스 아테네에서 철학자를 양성한 곳으로 유명하다. 아리스토텔레스는 제자들과 함께 아크로폴리스 둘레길인 페리파토스(그리스어로 '걷기'라는 뜻)를 따라 거닐며 강의했고, 이에 아리스토텔레스와 제자들을 소요학파逍遙學派, Peripatetic school라 부른다.

러나 그 자신의 직업이 가능해진 것은 문자로 된 내용 덕분이었으며, 그것은 인류 역사 최초로 일관성을 띠는 광범위한 추론 사고를 적은 문집인 그의 문학적 결과물로 입증된다. 그럼에도 불구하고 그리스인 이후로 색다른 진술의 가능성은 부분적으로 잠에서 깨지 않은 상태로 남아 있었다.

소통을 위한 음향 매체가 소통에 사용되는 가시적 물체로 바뀌자 그 효과가 광범위하게 나타났는데, 효과가 나타난 당시 (일부 예외가 있지만) 무의식적으로 받아들여졌고 그 뒤로도 내내 대체로 그렇게 받아들여졌다. 기술적 효율이 높아진 결과 완전한 전환이 이루어질 수 있었는데 이것은 이런 종류 중 인류 역사상 유일한 사례이다. 이제 모든 언어를 문자 언어라고 생각할 수 있었다. 읽은 그대로의 글은 입으로 한 그대로의 말과 동등하다고 여기게 됐다. 학자와 전문가는 거의 전적으로 글을 다루고 있는 만큼 문자로 적은 글은 언어와 동일하다는 가정이 생겨났다. 기호와 연관시켜 일련의 언어학적 소리로 된 기억을 유발시키도록 고안된 가시적 인공물에 그치는 게 아니라, 문자로 적은 글 자체가 언어라는 가정이 널리 퍼졌다. 중국이나 일본에서 쓰고 있는 문자처럼 알파벳이 아닌 문자는 일반적으로 그 문자가 사용되는 언어와 혼동된다. 마치 언어와 문자는 서로 분리될 수 없다는 것 같다. 이것은 오해이며, 그 때문에 구두 언어를 알파벳화하자는 제안이 가로막히는 경향이 있다. 언어학이라는 학문 자체가 일반적으로 글로 적힌 언어를 마치 언어의 전부인 것처럼 취급하고 있다.

이 혼란은 이해할 수 있는데, 문자로 적힌 다음이라야 언어에 대해 생각할 수 있게 되기 때문이다. 음향 매체는 시각화할 수 없으므로 그것을 사용하는 인물로부터 완전히 분리해낼 수 있는 현상이라고 인식되지 않았다. 그러나 알파벳화한 문서에서는 매체가 구체화됐다. 그것은 알파벳으로 완전히 재현된, 부분적 이미지가 아니라 온전한 전체 이미지였으며, 화자로서 말하는 '나'

의 한 가지 기능에 지나지 않는 것이 아니라 이제 독자적으로 존재하는 문서였다.

이 존재에 관심이 쏠리기 시작하면서 그 자체를 탐구하게 됐다. 이리하여 소피스트와 플라톤이 자신이 쓰고 있는 것에 관해 글을 쓰는 사이에, 문자로 적힌 이 사물의 행동 방식을 나타내는 개념이, '말의 성분' '문법'(그 자체가 언어를 문자로 적힌 것이라고 정의하는 낱말)이라는 여러 개념이 그들의 사색 속에서 나타났다. 입으로 말하는 담화와 문자로 적는 담화(논의와 논문) 모두를 가리키는 동시에 그것을 만들어내는 데 필요한 정신 작용(추리력)도 가리키는 매우 양의적인 로고스λόγος라는 용어는 홀로서기에 성공하면서 (구술 언어와 맺은 동반 관계의 덕을 여전히 보고 있지만) 새로 생겨난 산문체의 문자 담화를 상징했다. 구술로 보존된 말 즉 발설된 에포스ἔπος를 로고스와는 다른, (철학자가 보기에) 그보다 열등한 것으로 간주하는 구분이 천천히 생겨났다. 그와 아울러 구두 언어를 (헤시오도스에서처럼) 하나의 흐름으로 느끼던 감각이 줄지어 고정돼 있는 글자를 보는 시각으로 바뀌었고, 발설의 흐름에 실려 있던 낱말은 그 흐름으로부터 분리돼 문자로 적히면서 별개의 '사물'이라는 인식을 얻었다.

로고스라는 용어는 '낱말'을 가리키는 것처럼 번역되는 때가 많지만, 그리스어에서 그런 의미로 사용됐다고 입증할 수 있는 예는 찾아낼 수 없을 것이다. 초기 철학자의 글에서 '낱말을 가리키는 낱말'로 볼 수 있는 최초의 것은 오노마ὄνομα인 것으로 보이며, 이는 '이름'이라는 뜻이다.(해블록 1982a, 289쪽 주64번) 그들은 구술로 보존된 말을 사용할 수밖에 없었지만(거기서 벗어나려고 노력하면서), 거기에서 의미 있는 진술의 주어는 사물이나 생각이 아니라 언제나 '이름'이 있는 사람이라는 것을 인식하고 있었다.

언어가 그것을 발설하는 사람으로부터 시각적으로 분리되는 동안, 언어의 원천인 사람에게도 더 예리하게 초점이 맞춰지면서 자아 개념이 탄생했다. 그리스 문학사는 마치 호메로스가 자아 개념을 진작부터 활용할 수 있었다는 듯 기술되는 때가 많고, 또 그것을 모든 지적 담화에 적용되는 전제조건으로 당연히 받아들여야 하는 것처럼 취급하는 때가 많다. 이제까지 옛 그리스 서정시인은 개개인의 자아 정체성을 내세우는 개인주의적 목소리로, 그리스 고전 문화의 필요조건을 형성하는 것으로 해석됐다.(스넬 1953, 3장; 해블록 1963, 211쪽 주6번) 엄밀히 말하면 이것은 어떻게 보아도 플라톤 시대에 와서야 일어난 일이었다. 아킬레우스는 우리가 생각하는 의미 그대로의 '자아'를 지니고 있었겠지만 그 자신은 그것을 의식하지 못했고, 만일 의식하고 있었다면 구술 어휘 속의 영웅으로, 발설하는 화자이자 행위를 행하는 사람으로 행동하지는 않았을 것이다.

'자아'는 소크라테스가 발견했다. 또는 어쩌면 소크라테스적 어휘의 발명품이라고 해야 옳을 것이다.(해블록 1972, 1~18쪽; 클로스 1981) 소크라테스의 경우 이것을 확인하고 고찰하는 데 사용한 언어학적 방법은 원래 구술이었다. 그것이 나중에 플라톤에 의해 흔히 말하는 대로 '문자화'됐다. 그러나 구술이기는 해도 소크라테스의 변증법은 그 이전에 일어난 분리, 즉 문자로 적힌 형태의 언어와 그것을 발설하는 사람을 구별하는 분리에 의존했다. 언어를 사용하지만 이제 언어로부터 분리된 사람은 그 언어의 존재를 발견할 수 있는 '인격체'가 됐다. 그렇게 발견된 언어는 로고스라는 말이 의미하는 그 수준의 이론 담화가 됐다.(해블록 1984)

로고스 안에는 알려진 지식이 들어 있었다. 이 지식은 이제 그것을 아는 개인과 분리되어 있었으나, 개인이 스스로 훈련하면 그것을 사용할 수 있었다. 그와 동시에 이 이론 담화와 구술의 장단 서사 사이에도 또다른 균열이 나타나기 시작했다. 철학자가 시인에 맞서는 싸움에 가담한 것이다. 전통과 결별하는 이 두 가지 단절은 모두 소크라테스의 생전에 인식되고 연극에서 표현됐는데, 그때 소크라테스는 50세에 가까운 나이였고 플라톤은 어린아이였다. 전통이 점점 더 시각화되지 않았다면 둘 중 어느 것도 가능하지 않았을 것이다. 전통의 시각화는 언어가 알파벳화하면서 일어났기 때문이다.

재귀대명사(나 자신, 너 자신, 그 자신)를 제외하고 자아를 나타내는 데 선택된 기호는 프시케ψυχή가 됐는데, 종종 '영혼'이라고 잘못 풀이되기도 한다. 이 기호가 선택됐다는 사실은 이 낱말을 사용한 사람들 안에서 구술성과 문자성의 동반 관계가 계속되고 있었다는 것을 직관적으로 잘 보여주고 있다. 이것은 구술 서사시에서 말도 생각도 없는 '얼ghost'을 나타내는 기호였기 때문이다. 그리스 구술성에서 이것은 인간이 살아가는 잠깐 동안 따뜻한 피에 의해 되살아난 뒤에야 담화를 (따라서 '생각'을) 할 수 있었으나, 이제는 '내 안의 얼'이라는 모습으로 새로운 차원을 부여받았고, 그래서 말을 하면서 생각도 하고, 지식인이라는 새로운 생명을 통해 유일하게 완전한 인간의 생명을 얻는다.

일단 추상적 주어와 개념화한 서술어를 가지고 직접 마음대로 이론 언어를 구성할 수 있다는 것을 알고 나니 독자는 또 구술에서 활용한 것과는 질적으로 다른 새로운 정신적 에너지를 사용하고 있다는 것도 깨달았다. 그에 따라 이 정신 작용에 별도의 정체성을 부여하려는 압력이 생겨났다. 역사학자들이 기원전 5세기 후반부를 가리켜 이름 붙인 아테나이 '계몽 시대'는 전부 지성주의의 발견 및 새로운 차원의 인간 의식을 대변하는 지성의 발견을 중심으로 일어났다고 할 수 있다. 구술로부터 이처럼 철저하게 멀어진 데 따른 언어학적 증상은 관념과 사고와 생각, 지식과 앎, 이해, 탐구, 연구, 조사를 가리키는 용어가 급격히 늘어나는 형태로 나타났으며, 이것은 그 이후로 지금까지도 모든 유럽인의 의식 밑바탕에 깔려 있다. 소크라테스가 스스로 맡은 과제는 이 새로운 종류의 용어를 자아 및 프시케와 긴밀하게 연결시키는 것이었다.(해블록 1984, 88~91쪽) 그가 볼 때 그런 용어는 생생하게 펼쳐지는 구술 속에서 찰나적으로 일어나는 것에 반대되는 항구적 '진실'에 관한 생각을 실현하는 데 요구되는 얼psychic 에너지의 수준을 상징적으로 나타냈다.

그런 지적 작용이 표현되는 언어학적 형식으로는 '이다(is)' 진술이 '하다(do)' 진술에 비해 단연 뛰어났다. 하나는 문자적이고 다른 하나는 구술적이며, 따라서 앎이라는 '진정한' 정신 행위와 느끼고 반응하는 구술 행위가 서로 대비된다. 언어학적 소리와 그것을 받아들이는 사람 사이의 유동적 관계 대신 '진정한' 진술과 그것을 '아는 사람' 사이의 정적인 관계가 들어섰다.

그러나 더 뒤의 것인 문자 양식은 언제나 이전 것인 구술 양식에서 나온 그대로 구성됐고 적어도 당분간은 여전히 구술과 동반 관계를 유지하고 있었다. 지적 작용을 표현하는 어휘가 늘어나고 있었지반, 완전히 부에서 만들어진 용어는 그 수가 매우 적었다.(그 일부는 데모크리토스가 만들었다고 볼 수 있다.) 호메로스의 영웅들은 느끼고 의식하고 성찰하고 추구할 수 있었다. 차이점은 그런 생각 관련 활동이 구체적 행동을 선택하는 방향으로 이어지거나 아니면 구체적 사건에 대한 감수성을 표현했다는 점이다. 지적 작용을 표현하는 어휘에 들어 있던 똑같은 명사와 동사가 먼저 별개의 정신 작용을 나타내는 기호로 변환됐고, 다음에는 그런 동사의 목적어나 그런 명사의 서술어가 추상화되는 맥락으로 들어갔다.

이 긴밀한 동반 관계는 플라톤의 대화편 중 가장 유명한 『파이돈』에서 서술하는 한 상징적 사건에서 인식됐는데 여기에는 어느 정도 역설이 가미되어 있다. 스승의 죽음을 전하려는 취지의 글에서 그 마무리 부분은 스승의 진정한 '자아'인 프시케가 생존하고 따라서 존재한다는 것을 극적으로 표현하기 위해 사용됐다. 서두에서 플라톤은 스승이 감옥에서 죽음을 기다리는 마지막 며칠 동안 재미 삼아 이솝 우화 몇 가지를 시구로 노래하는 일에 착수했다고 보고한다. 이 시점에 이르러 그는 이렇게 말한다. "이제까지 나는 뮤즈의 기예 중 최상위 형태는 사실 철학이라고 생각했다." 그러나 그는 생의 마감을 준비하는 동안 다시 시구를 짓는 일에 몰두하면서 자신이 자라날 때의 구술성 방식으로도 되돌아간다. 그전까지 활동하는 동안 그는 전통적 구술성과 갓 싹튼 문자성 간의 밀접한 동반 관계를 더없이 극적으로 보여주었다. 그 자신의 변증법은 점점 늘어나는 문자성 어휘에 의존했다. 그럼에도 그는 한 마디도 직접 문자로 적지 않았다. 플라톤은 비할 데 없는 통찰력을 발휘하여, 동반 관계가 해체되려는 바로 그 순간에 그 동반 관계가 지니는 마지막 한 가지 의미를 보여준다. 그것은 소크라테스가 사라져야 하는 것과 마찬가지로, 소크라테스가 잠시 되돌아간 구술성은 어리지만 이제 더 강력해진 동반자 앞에서 사라져갈 운명이라는 의미였다. 4세기 중반, 이번에는 플라톤이 떠날 무렵에 이르렀을 때 그리스의 뮤즈는 구술 담화와 구술 '앎'이라는 세계를 모두 뒤로 하고 떠난 뒤였다. 뮤즈는 진정으로 글쓰기를 배웠고 나아가 산문으로 글쓰기를 배웠으며, 게다가 철학적 산문으로 글쓰기를 배운 상태였다.

11 시험대에 오른 두 특수 이론

설명한 바와 같이 커다란 의미를 지니면서 우리와는 명확히 다른 구술적 마음 상태가 실제로 존재한 때가 있었을까? 그것은 그리스 문학 초기 걸작품 속에 널리 스며들어 계속 존재한 그 구술성일까? 읽고 쓰기를 배운다는 단순한 행위가 설명한 바와 같은 결과를 만들어낸 걸까? 오늘날 우리에게는 그런 결과가 의식되지 않는다. 왜 그것이 그리스에서 한때 실제로 일어난 일이라고 생각할 필요가 있을까?

고대는 현대라는 렌즈를 통해서만 바라볼 수 있다. 렌즈를 통과하여 우리의 감각에 닿는 이미지는 우리가 택하는 방식에 따라 조명되고 초점이 맞춰지기 때문에 조작된 이미지이다. 앞 장에서 제시한 논제는 수정주의적인데, 그리스의 문화적 업적을 해석하는 데 사용해온 이제까지의 관념 체계를 수정하도록 우리에게 요청하고 있다는 뜻에서 그렇다.

특히 본문 안에 감춰진 언외의 의미에 주의를 기울이며 그리스 고전을 다시 읽는 작업에 착수하도록 요청한다. 이것은 고대 후기부터 현재에 이르기까지 학자들이 계속해온 작업으로, 특히 고전문헌학이 대학교의 한 학문 분야로 설치된 이래로 지금까지 200년 동안 가장 눈에 띄게 이루어졌다. 그리스 고전에 관해 말할 수 있는 정말로 '새로운' 것이 실제로 있거나 발견해낼 가능성이 과연 있을까 하는 회의적 의견이 들려온다.

고전학은 기예이지 과학이 아니고, 10년 또 10년이 지나는 동안 선정되는 목표는 고전학에서 무엇을 찾고 싶어하는지에 따라 달라진다. 원하는 것이 권위주의 정부의 원칙이라면 고전학에서는 카이사르주의의 역사를 써낸다. 찾고 싶은 것이 마르크스주의와 관련된 내용이면 고전학에서는 그리스의 계급투쟁 이야기를 그려낸다. 문자인으로서 우리는 구술성이 전자 매체 안에서 되살아나 우리 가운데 존재하고 있다는 사실을 최근에야 알아차린 만큼, 이 때문에 고대 그리스에서 구술성의 역할이 무엇이었을지 새로이 들여다보게 된다고 해서 의아하게 여길 필요는 없다.

따지고 보면 이런 일은 지난 50년 동안 그리스 문학 연구가 진행되면서 계속적으로 일어났다. 전반적 흐름이 본격적 학문 분야로서 비교종교 연구에 우호적일 때는 그리스의 신, 그들의 제의, 희생제 등에 관한 책이 쏟아져나오면서 그리스에 관한 비교종교학이 생겨난다. 프로이트가 개척한 여러 심리 이론은 레비스트로스의 구조주의 이론만큼이나 그리스 문학에 적용할 수 있다는 평가를 받는다. 상징주의 시의 형상화가 화두가 되면 그리스의 희곡에서 형상화의 예를 찾게 되는 식이다.

그렇지만 그리스인과 관련하여 구술-문자 방정식을 사용하는 일은 경우가 다른 사례에 해당되는 것으로 보인다. 이 방정식을 적용할 때의 반응은 그다지 우호적이지 않았다. 고전학 바깥 분야에서 이 방정식을 반가이 받아들인 사람 중 일부가 주목한 것처럼, 고전학계 내에는 이에 대해 분개하면서 본격적으로 비평할 가치가 없는 논제라고 치부하며 넘어가고 싶어할 법한 사람이 많아 보인다. 시의 관용표현을 다룬 패리-로드의 연구 덕분에 촉발된 활발한 논의는 호메로스를 넘어서지 못했다. 구술과 본문성에 대한 관심이 급증한 일과 1963년 이후 이런 주제를 다루는 책과 논문이 쏟아져나온 일에 관해서는 3장에서 언급했다. 그러나 언급된 것들 중 그 모든 것이 시작된 곳, 즉 그리스 이야기라는 맥락에 관심을 기울인 것은 실로 거의 없다.

물론 시대는 변하고, 그래서 때가 되면 이런 상황은 바로잡힐 것이다. 그리스 구술성과 문자성에 관한 두 특수 이론이 시간의 검증을 통과할 가능성은 현재 그것을 가로막고 있는 몇 가지 전제를 생각해보면 가늠이 가능하다. 현재의 전제는 두 가지 범주에 들어가는데, 고전학 이외의 분야에서 전반적으로 느껴지는 것들, 그리고 고전학 분야 자체 안에서만 느껴지는 것들이다.

레비브륄의 인류학(1910, 1923)에서 보는 것처럼, 그리스 구술성에 관한 특수 이론에서는 완전한 비문자성 상태가 고대사회의 역사라고 종종 곡해되는 것과 같은 원시성을 의미할 필요는 없다고 가정한다. 비문자성은 구술 사회로서 나름의 삶의 질을 갖추고 있는 긍정적 상태를 가리킬 수 있다. 물론 우리보다는 단순하겠지만, 그 나름의 '구술 문학'(모순적 표현이기는 하지만)을 만들어낼 특별한 능력을 갖춘 문명화한 상태일 수 있는 것이다. 그와는 대조적으로, 문자 사용자가 중세기처럼 소수인 때든 현대 미국처럼 다수인 때든 상관없이 문자 사회에서 계속 존재하는 문맹자는 정의상 일반 문화 영역 밖에 있고, 가능하다면 교육을 통해 문화 영역 안으로 끌어들여야 한다. 문맹이라는 사회적 상태는 원시 구술성 상태와 혼동되고 따라서 원시 구술성 역시 낮게 평가된다. 기원전 650년이나 700년 이전의 그리스 구술문화는 암흑시대라는 위치로 격하되거나, 아니면 역사적 근거 없이 문자성 시대로 격상된다. 여기서 작용하는 편견은 비문자성과 문맹을 구별하지 못하기 때문이다. '비'라는 말이 붙어 있기는 해도, 전자는 소통이 음향적이지만 성공적으로 이루어지는 긍정적 사회 상태를 나타낸다. 후자는 바뀐 상황에서 소통에 실패하는 상태를 가리킨다. 그런데도 불구하고 한쪽에 비추어 다른 쪽을 판단하는 일이 흔히 일어난다.

원시 구술성 이론에 대한 두번째 반론은 원시 구술성이 시를 대하는 (그리고 특수 이론에서 그리스 시를 대하는) 방식 안에 자리잡고 있다. 첫번째 반론과 마찬가지로 이 반론은 현대의 문자성 상태에서 생겨난 전제에 뿌리를 내리고 있으면서 그것을 기준으로 과거를 곡해하고 있다. 영감과 상상과 통찰력의 원천으로서 시가 누리는 지위에 비해 문화 정보를 담는 저장고로 대할 때의 시는 낮은 지위로 끌려내려오는 것으로 보인다. 그런 시는 사실상 산문으로 밀려난 것으로 보인다. 이것은 전혀 다른 목적을 가지고 있는 언어의 용도에다 부적절하게 사회적 효용 기준을 적용하는 것이라고 판단된다.

이런 관점에 대해 구술 이론에서 내놓는 답은 문자성 사회에서 시의 역할은 구술성 사회의 시에 비해 풍부하기는커녕 더 좁으며, 그 이유는 문자성 사회에서는 저장 기능을 문서화한 산문에게 맡김으로써 문화 안에서 시와 시적 경험이 차지하고 있던 주도적 지위를 조금씩 박탈하고 그 복합성을 비워버렸기 때문이라는 것이다. 서양 문화에서, 그리고 20세기에 이 과정은 러시아를 제외한 모든 곳에서 완결된 것으로 보인다.

구술성의 장단 언어에서는 교훈적 양식과 미학적 양식을 하나의 기예 안에 결합시켰다. 그 내용물은 경이적이면서도 웅대했고 그러면서도 사람을 매료시켰다. 양쪽이 서로를 강화해주었다. 그 안에 무게를 담고 있기 때문에 거기에 진정한 위엄이 생겨났다. 매료시키기 때문에 교훈의 무게에 매력이 생겨났다. 그러므로 졸졸 흐르는 개울보다는 도도하게 흐르는 커다란 강이 실제 이미지를 더 강력하게 나타내준다. 호메로스가, 핀다로스가, 아이스킬로스가 지고 있던 사회적 책임의 무게 안에는 저 '웅대한 표현 양식'의 비밀이 들어 있는데, 매슈 아널드는 그 이유를 완전하게 이해하지 못하면서도 이것을 알아차렸다. 전성기 고전 시대 그리스 시인들의 문학을 다룰 때 문자성 안에서 축소된 시의 역할에 어울리는 가치 판단을 적용하는 일이 너무 많다.

그리스 문자성에 관한 특수 이론에서는 또 지금 우리가 이해하고 있는 대로의 자아 관념과 영혼은 역사 속 어느 시점에 생겨났으며 기술 변화에서 자극을 받았다고 주장한다. 기록된 언어 및 생각과 그것을 말한 사람이 서로 분리되면서 말한 사람의 인격체에 새로이 초점을 맞추게 됐다는 것이다.

이 설명에는 종교적 신념에 뿌리내린 깊은 감정을 거스를 위험이 있다. 그리스어로 표현할 때 자아와 영혼은 서양에서 그리스도교로 인해 2000년 동안 강화되어온 확신을 불러낸다.(다만 똑같은 관념이 구약성서에는 없어 보인다는 점은 주목할 만하다.) 이 확신은 여러 서양 민주주의 국가에서 그토록 귀중하게 여기는 개인의 독자성에 대한 신념과 개인의 자유에 대한 헌신의 기초를 이룬다.

이런 관념이 언어학적 사건을 통해 형성됐고, 언제나 존재하고 있었던 것은 아니며, 특히 전성기 고전 시대 그리스가 이런 관념 없이 매우 융성했다는 생각은 고도로 세련된 지식을 바탕으로 고전 시대를 다루는 비평자나 학자 사이에서 본능적 거부감과 불신을 불러일으킬 수 있다. 그런 생각은 마르크스주의 학자에게조차 낯설지 모른다.

종교적 감정은 차치하고, 그리스 문자성에 관한 특수 이론에는 현대 철학자가 약간은 거부감을 느낄 만한 측면이 몇 가지 있다. 실존주의는 구술과 어느 정도 가까운 관계에 있다고 볼 수 있고, 양측이 어느 정도 서로 섞인 부분도 있는데 이것은 프랑스의 비평자와 역사학자 사이에서 눈에 띈다. 그러나 칸트에서 출발한 뒤로 다양한 형태로 표현되는 독일의 관념론 전통에서, 사람의 여타 정신적 속성과 구별되는 지성은 기원전 5세기 말에 와서야 '발견'됐거나 적어도 하나의 '존재'로서 완전히 지각됐으며, 또한 그것은 사실상 언어학적 사건이었다는 주장과 어떻게 타협을 이룰 수 있을까? 물질보다, 인간의 역사보다, 신체 감각보다 무한히 월등하다고 하는 마음의 형이상학은 어떻게 되는 걸까? 문자성에 관한 특수 이론에서는 부질없는 행동주의를 가지고 영원한 현실에 대한 우리 인간의 이해를 하릴없이 설명하려 하고 있는 것일까?

말이 나온 김에, 도덕철학 측에서는 윤리학, 도덕 원칙, 이상적 행동 기준을 묘사하는 언어가 그리스 문자성으로부터 만들어졌다고 보는 역사적 처방에서 위안을 얻어낼 수 있을까?

영국과 미국 철학계를 그토록 많이 지배해온 분석학자와 논리학자는 위와 같은 몇 가지 질문을 대수롭지 않은 것으로 취급할지도 모른다. 그러나 그들의 학문 분야에는 그 나름의 편견이 있다. 논리 절차는 문자성의 발견과는 너무나도 거리가 멀며, 인간성 안에 뿌리를 내리고 있고 언제나 그래왔기 때문에 자신을 길들이기만 하면 그것을 활용할 수 있다는 전제를 선호하지 않을 수 없는 것이다. 이 관점에서 보면 양의적으로 작동하면서 모순 법칙의 지배를 받지 않는 구술적 의식은 의식으로서 효력을 갖지 못한다. 물론 구술학자와 논리학자 모두 언어를 인간의 행동으로서 중대하게 받아들인다. 그 어휘와 통사법을 탐구하고 그 기준 규칙을 분석한다. 그러나 이렇게 할 수 있는 능력이 특정 역사적 사건, 즉 그리스 알파벳의 발명이라는 사건의 여파로 생겨났다고 본다면, 자신이 사용하는 방법이 만능이라고 간주하는 분석철학자는 그런 능력은 언제나 존재하고 있었기 때문에 알파벳 기술은 중요하지 않았다고 주장하거나, 알파벳 이전의 구술성은 진정으로 원시적인 소통 조건이었으며 그것을 벗어날 수 있어서 다행이었다고 치부해야 하는 양자택일의 기로에 놓인다.

고전학 분야 자체에도 그리스 구술성과 문자성에 관한 특수 이론에서 주장하는 내용을 곧장 받아들일 수 없게 만드는 만만찮은 장벽이 있는데, 그것은 바로 초점을 좁게 잡으면 잡는 만큼 두 특수 이론을 설명하기가 더 쉽다는 사실이다.

중요한 장벽 하나는 빅토리아 시대의 고전 교육에서 조장됐고 지금도 매우 강하게 영향을 미치고 있는 믿음에 바탕을 두고 있는데, 그것은 그리스 고전 시대 문화는 이상적으로 균질한 양상을 띠는 통일된 현상이며, 그리스 고전이 인문주의 교육의 기초로서 살아남으려면 그리스의 경험을 관통하는 이 통일 및 조화 개념을 유지해야 한다는 믿음이다. 무의식적이기는 하나 강력한 전제로 작용하고 있는 것처럼 호메로스가 이상적 시인이라면, 또 아이스킬로스가 이상적 극작가이고 플라톤이 이상적 철학자라면, 그런 이상적 작가들이 어떻게 서로 충돌하거나 다툼을 벌이게 됐을까? 플라톤은 『국가』나 그 밖의 저작물에서 선배 시인들을 노골적으로 무시하지는 않더라도 나쁘게 말하는 것처럼 보이는데, 그것은 그가 말하고 있는 그대로의 뜻일 수 없다고 받아들인다. 그가 하는 말을 진지하게 받아들이려는, 고전 시대의 경험 안에서 일어나고 있는 가치 변환에서 그 설명을 찾아내려는 그 어떤 시도도 크나큰 실수일 수밖에 없다고 느낀다.

그리스 문학과 철학에 존재하는 것으로 판단되는 이런 가치에는 많은 고전학자가 느끼는 듯 보이는 뿌리깊은 집착이 있는데, 간단히 말해 고전학은 새로 고전학자가 되는 사람에게는 열려 있지만 다른 학문 분야라든가 어렴풋이 현대의 물질주의 내지 상대주의와 닮았다고 느껴지는 것에 오염되지 않게 지켜야 하는 일종의 신비 종교에 해당한다는 것이다. 반면 그리스 구술성과 문자성에 관한 특수 이론에서는 그리스 문화를 발생학적으로 바라보고 사회학적 차원에서 접근할 것이 요구된다. 그리스 문화는 어떤 관념적 실체가 아니라 하나의 과정이었다. 그 성격은 소통 기술이 바뀜에 따라 눈에 띄게 달라졌다. 이런 관점은 그리스의 경험을 고전학자가 아닌 외부인이 바깥에서 들여다볼 수 있게 하기 때문에 그리스의 경험을 저속한 것으로 만드는 행위로 보일지도 모른다.

그 밖에도 거북한—구술학자에게 거북한—사실이 있는데, 그리스 구술성과 그것이 문자성과 맺게 된 긴밀한 동반 관계를 다루는 논제는 전적으로는 아니더라도 대부분 문자로 적힌 글을 탐구함으로써만 검증할 수 있다는 것이다. 이런 글이 꼼꼼하게 축적되고 복제되고 주해되고 해석되는 과정은 고대 후기부터 현재까지 지속되고 있다. 글을 바탕으로 하는 이런 활동이 고전문헌학의 근간을 이루고 있다. 그런 만큼 '본문 편향'(옹 1982)*이라 할 만한 것이 고전학자의 마음속에 깊이 뿌리를 내리고 있다 해서 무엇이 그리 이상할까? 그들은 고전 인문주의를 이해하려면 말을 어떻게 했을지를 가설적으로 탐구하기보다 문자로 적힌 말을 지속적으로 연구해야 한다고 생각한다. 여기에 동의하지 않는 것은 태생적으로 잘못된 활동에 손을 대는 것이 확실하며, 헬레니즘의 비밀을 풀 열쇠를 찾아낼 실마리는 해블록 쪽 사람들이 아니라 하우스먼† 쪽 사람들에게 있다는 주장도 들린다.

우리 세기에 들어와 문헌학의 본문주의 편향은 관련된 세 가지 학문 분야인 고문자학, 금석학, 파피루스학 덕분에 강력해졌다. 이들 분야는 제각기 새겨져 있는 그리스 말의 이미지를 학자의 마음속에 더욱 단단히 못박았다. 금석문과 파피루스가 늘어나면서 산문 통사법 이미지는 갈수록 강해졌고, 그러는 사이에 한때 발음되고 선포되고 노래된 말의 잃어버린 통사법 이미지는 갈수록 약해진 것이다.

확실히 구술성 문제를 그리스 고전학 분야에 처음으로 들이민 것은 호메로스의 관용표현 및 주제 구성에 관한 밀먼 패리의 분석이었고, 그것을 미국의 여러 학자가 이어받았으며 영국에서

* 해블록이 언급하는 책에서 옹은 이것을 "chirographic and typographic bias"(필쇄 편향)라 부른다.

† 영국의 고전학자이자 시인인 앨프리드 하우스먼Alfred E. Housman(1859~1936)을 가리키는 것으로 보인다.

는 특히 제프리 커크가 눈에 띄었다. 그러나 이 분석마저도 호메로스를 넘어 확장하지 못하도록 가로막는 장애 요인을 안고 있었다. 구술성과 문자성, 입으로 하는 말과 문자로 적힌 말은 서로 배타적 범주를 이룬다는 전제에 의존하기 때문에, 둘 사이의 창의적 동반 관계가 적어도 에우리피데스가 죽을 때까지 지속됐을지도 모른다는 어떠한 관념도 형성되지 못하는 것이다.

이 확신은 애석하기는 하지만 이해할 수는 있다. 현대의 문자성 맥락 안에서 구술성에게 벌어진 일이 길잡이가 됐기 때문이다. 발칸의 저 가수는 문맹 정도가 얼마나 완전하든 간에, 그가 원래 맡고 있던 교훈적 기능과 사회적 중요성이 문자성에 속하는 지도층에게 넘어간 지 오래된 사회에서 살고 있다. 그가 만일 필자가 된다면 그는 가져다 쓰기만 하면 되는—그러나 구술 천재에게는 완전히 이질적인—어투에 맞춰 자신의 언어를 자동적으로 적응시키기 시작한다. 고대 그리스에서 구술 천재는 그런 문제에 부딪치지 않았는데, 필자의 어투라는 것이 아직 존재하지 않았기 때문이다.

자신의 연구 주제를 전통적 방식으로 생각하는 고전 헬레니즘 학자에게 페리클레스 시대의 아크로폴리스에 두 발을 단단히 딛고 서서 그곳으로부터 아테나이를 넘어 그리스 세계를 만족스레 개관할 수 있는 때보다 더 행복하다고 느끼는 때는 없다. 우리 세계가 헬레니즘의 총합에 무엇을 기여했든—상당히 많이 기여한 것은 확실하지만—그가 서 있는 장소에 비하면 우리 세계의 중요성은 부차적이며 더 낮은 지위를 차지하고 있는 것으로 인식된다. 파르테논 신전에 올라갈 때는 예루살렘 성전에 가듯 올라간다. 사실 신심이 저물고 있는 이 시대에 저 고전 시대의 아이콘은 히브리의 것을 필연적으로 대체하도록 주어진 것이 아닐까 하는 생각이 막연하게 고개를 들지도 모른다.(젠킨스 1980; 터너 1981)

아테나이 중심주의적 사고 습관은 구술-문자 방정식을 적용하여 그리스 문화사를 설명하는 것을 타당하다고 믿지 못하게 만드는 또하나의 장애물이다. 그리스 문자성에 관한 특수 이론은 문자성이 만들어지기 위한 필요조건은 아테나이가 아니라 이오니아에서 먼저 갖춰졌다는 것을 인식하는 데에서 출발한다. 글 형태의 그리스 문학이 태어나 번성한 곳은 바로 그곳이며(헤시오도스의 어투는 이오니아의 것이며, 아티카도 아니고 보이오티아는 더욱 아니다), 이는 역시 이오니아 어투로 된 그리스 산문이 그 뒤를 이을 때까지 계속됐다. 그러는 사이에 해외의 그리스인들은 차츰 읽고 쓰기를 배웠다.

그와는 대조적으로, 아티카와 아테나이에서도 이 방면의 발전이 있었지만 이오니아와 시간 차가 있었고, 시간 차는 5세기 말엽이 될 때까지 완전히 없어지지 않았다. 이오니아 반란이 실패한 뒤 페르시아인이 서부 아나톨리아를 정복하고 파괴했기 때문에 현대 학자는 그리스 역사를 사실상 전적으로 아테나이가 독점하게 만들기가 더 쉬웠다. 따지고 보면 라데 섬에서 있었던 해전의 결말을 뒤집은 해전이 벌어진 살라미스 섬이 아테나이에 속한 곳이었고,* 아테나이의 웅변가와 시인은 당연히 이 사실을 한껏 기렸다. '건너편'이던 곳을 이제는 대부분 빼앗겨버렸고, 그 뒤 옛 이오니아 시인들의 알렉산드리아 본문이 소실되면서 그리스 문화사의 역동기에 해당하는 시대는 더더욱 베일에 가려졌다.

* 라데는 에게 해 동쪽 건너 아나톨리아 반도 해안 지역에 자리잡고 있던 이오니아 도시연맹의 하나인 밀레토스에 속하는 섬(오늘날에는 육지)이었다. 기원전 499년 이오니아인이 페르시아의 지배에 반기를 들고 군사 반란을 일으켰을 때 바다 건너 아테나이와 에레트리아의 지원을 받았으나, 기원전 494년 벌어진 라데 해전에서 페르시아에게 패하면서 반란은 사실상 막을 내렸다. 이 반란으로 그리스를 위협 세력으로 판단한 페르시아가 그리스를 침공했고, 제2차 그리스-페르시아 전쟁이 한창이던 기원전 480년 아테나이에 속하는 살라미스 섬 근처에서 해전이 벌어졌는데 이 살라미스 해전에서는 그리스 도시국가 연합군 함대가 승리를 거두었다.

그렇지만 이오니아뿐 아니라 (추정컨대) 섬들의 중심 대도시인 밀레토스가 함락된 데 대한 아테나이 자체의 반응을 무시하는 것은 현명하지 않다. 이것은 당시 상고시대의 헬레니즘 중심지를 강타한 재앙이었다.(핸프먼 1953, 23쪽) 아테나이로서는 다행스럽게도 이미 한 세기 전부터 아나톨리아 해안 지방과 섬 지방으로부터 오는 이오니아인 이주자들을 받아들이고 있었다.(역이민이었다.)

미술사 분야에서는 아테나이 중심주의가 있다는 것이 최근 인식되어 의문이 제기된 바 있는데(모리스 1984, 18쪽), 주로 기원전 7세기 동안 아이기나(어쩌면 코린토스까지)보다 아테나이가 계속 문화를 주도하고 있었다는 관점을 바로잡기 위해서였다. 또 기원전 6세기와 5세기 초 상고시대 아티카 미술 작품이 상당 부분 섬 지방에서 들어온 이주자 조각가와 화가의 작품을 반영하고 있다는 인식도 점점 커지고 있다.(리지웨이 1977, 32, 38, 46, 64~65, 88, 99, 287, 288쪽 참조) 그들과 함께 이오니아 시인들이 들어와 페이시스트라토스와 그 아들들의 '궁정'에서 아테나이의 문예부흥에 불을 댕겼다. 그런 뒤에야 알파벳의 선물은 아티카 본토에서 본토인에게 눈에 띄게 영향을 미치게 된다. 처음에는 솔론의 시에서 아티카 말의 도구로 등장하지만, 핀다로스적 어투가 플라톤적 기교에게 자리를 내줄 수 있게 되기까지 아직 가야 할 길이 어느 정도 남아 있다.

'시간 차'라는 표현은 페이시스트라토스와 아이스킬로스 시대 아테나이는 문화적으로 미숙했다고 보는 생각과 연관되면 오해의 소지가 생길 수 있다. 그리스 '문학'의 업적을 현대의 문자성에 적용되는 기준에 따라 재단하는 것은 크나큰 실수다. 그런 습관은 구술-문자 방정식에서 표현되는 저 문화적 방식을 받아들이거나 이해하는 데 방해가 될 수밖에 없다. 특유의 역동적 언어와 사회적 실용성을 모두 갖춘 그리스 희곡이 만들어지는 데 필요한 창작법의 조건이 만들어진 것은 바로 이 시간 차라는 행운이 있었던 덕분이다.(시걸 1986) 귀와 눈의 동반 관계는 독특했고 지금까지도 그 관계를 이어오고 있다.

그것을 복잡한 그대로 속속들이 이해하려면 오늘날 어느 영역에서도 비슷한 경험을 찾아볼 수 없는 고대의 경험을 꿰뚫고 들어가는 작업이 필요하다. 머나먼 나라로 항해에 나선 뒤 본모습을 간직한 새로운 모습으로 우연히 돌아오는 오디세우스의 역할을 행하는 것이다.

말과 글—유보된 생각의 시대

이 책의 제목 『뮤즈, 글쓰기를 배우다』는 에릭 A. 해블록이 평생에 걸쳐 고찰, 탐구하여 내린 결론을 시적으로 요약한 것이라 할 수 있다. 구술 시대의 표상인 뮤즈는 문자 시대가 시작되면서 곧장 과거의 유물이 되어 역사의 뒷방으로 밀려난 것이 아니다. 뮤즈는 글쓰기를 배웠다. 고대 그리스의 문자 혁명은 혁명이라는 말이 은연중 암시하는 것과는 달리 오랜 기간에 걸쳐 천천히 일어난 일이며, 변화가 일어나는 동안 구술과 문자는 서로 배타적 관계가 아니라 동반자 관계를 유지했다. 그렇게 문자가 맡는 역할이 점점 커지면서 뮤즈가 역사학자와 철학자로 바뀌었고, 그 과정에서 일어난 인간의 의식 변화가 그 뒤로 오늘날에 이르기까지 서양 사상에 깊이 영향을 미쳤다.

소통 차원에서 볼 때 말의 가장 큰 한계점은 같은 시간 같은 공간에 있는 대상에게만 전할 수 있다는 것이었다. 고대인은 이런 시공간의 제약을 극복하기 위해 여러 가지 기술을 개발했는데, 엄숙한 예식에서 말과 동작을 결합하는 것도, 잉카의 키푸 매듭 문자도 그런 노력이 낳은 결과물이다. 또 말에 가락을 붙여 노래로 만들면 발음과 가락이 맞물리기 때문에 원형이 매우 잘 유지된다. 이 책에서 다루는 구술oralism 역시 그런 기술의 하나로, 고대 그리스인은 이 기술을 가지고 오늘날 우리가 서사시라 부르는 말 덩어리를 시간과 공간을 건너 다른 사람들에게 전할 수 있었으므로 매우 뛰어난 기술이라 하지 않을 수 없다.

구술 서사시는 원형을 잘 유지하지만 구송할 때마다 형태가 조금씩 달라진다. 구송시인이 자리나 청중에 따라 의도적으로 양념을 다르게 넣기 때문이기도 하지만, 운율과 내용에 맞는 여러 표현 중 그 순간에 떠오르는 것을 골라 읊는다는 구술 자체의 특성 때문이기도 하다. 그래서 어떤 구술 작품을 글로 받아 적는다면, 시인에 따라 시구가 조금씩 달라질 뿐 아니라 같은 시인이라 해도 구송할 때마다 조금씩 달라진다는 사실을 알게 될 것이다. 이럴 때 문자인인 우리는 그것들을 사본과 원본으로 구별하려 하지만, 원본·사본은 문자적 개념이어서 구술 작품에 적용하기에는 적당하지 않다.

말을 고정하여 원래 형태를 유지하기 위해 개발된 갖가지 기술 중 수천 년이 지난 오늘날까지 전 세계에서 사용될 정도로 성공을 거둔 기술은 소리글자(표음문자)다. 소리글자를 사용하면 소리의 흐름을 글로 동결시켜두었다가 언제라도 원래 형태를 되살려낼 수 있다. 문자 체계는 문자의 가짓수가 적을수록, 그리고 되살려내는 말이 원래 형태에 가까울수록 효율이 높다. 저장 효율을 높이자면 일단 기록하면서 말의 많은 부분을 버려야 한다. 그렇지만 페니키아 문자는 지나치게 많이 버린 예일 것이다. 이 문자 체계에는 모음이 없었고, 따라서 읽는 사람이 자신이 경험적으로 알고 있는 모음을 붙이는 해석 과정을 거쳐 읽어야 했다. 이런 식의 문자는 오늘날 우리나라 네티즌 사이에서 흔히 보는 초성표기를 보면 그 효율이 어느 정도일지 짐작할 수 있다. 'ㅇㅁㄴ'은 '어머니'로도, '아무나'로도 읽을 수 있다. 그리스 알파벳은 그런 추측의 여지를 남기지 않았으므로 효율이 극적으로 높아졌지만, 강세나 성조 같은 특징은 기록하지 않았으므로 이런 부분은 여전히 읽는 사람이 경험적으로 해석해야 했다. 오늘날 고대 그리스의 글자에서 보이는 성조 표시는 후대에 만들어진 것이다. 예컨대 영어로 'Aladdin'이라고 쓴 글은 강세를 둘째 음절에 두어 읽지 않으면 영어권 사람은 바로 알아듣지 못할 것이다. 즉 현대의 영어 표기도 어느 음절에 강세를 둘지를 경험적으로 판단하여 읽어야 하며, 사전의 낱말 풀이에 강세 표시가 들어가는 것도 바로 이 때문이다.

글은 쓸 줄 아는 사람뿐 아니라 읽을 줄 아는 사람을 전제로 한다. 알파벳이 발명된 뒤에도 한동안은 대중에게 전할 내용을 지을 때 소수에 지나지 않을 독자보다는 절대다수인 청중을 염두에 두고 지었을 것이다. 글은 또 물리적 표면을 필요로 한다. 전하려는 내용이 짧다면 목판이나 석판에 새겨 사람들로 붐비는 곳에 둘 수 있겠지만, 내용이 길면 파피루스나 양피지, 헝겊 등에 작은 글씨로 여러 장에 걸쳐 기록할 수밖에 없을 것이고, 그렇게 쓴 글은 동시에 읽을 수 있는 독자 수가 제한될 수밖에 없으며, 많은 사람이 읽을 때까지는 오랜 시간이 걸린다. 따라서 광장이나 극장에 모인 사람들에게 구술로 전달하는 방식에 비해 내용 전달 효율이 크게 떨어진다. 공터에 모인 수백 명 청중에게 판소리 한 편을 처음부터 끝까지 들려주는 데는 몇 시간밖에 걸리지 않지만, 같은 내용을 적은 글을 같은 수의 청중이 읽게 하려면 사본을 만드는 데 들어가는 시간을 고려하지 않는다 해도 판소리로 들려줄 때보다 훨씬 시간이 오래 걸린다.

이런 모든 생각에도 불구하고, 완전한 구술 사회를 경험한 사람이 아무도 없는 문자 사회에서 태어나 살아가는 우리로서는 문자가 존재하지 않는 세계를 상상하는 데 필요한 도구도 수단도 이제는 영영 잃어버렸을지도 모른다. 경우에 따라서는 무게를 길이 단위로 따지는 것과 비슷한 모순에 빠지기까지 할 것이다. 앞서 언급한 원본·사본 개념에서 보듯 우리의 도구와 수단이 대부분 문자 사회의 것이기 때문에, 해블록이 강조하는 것처럼 구술 사회를 상상할 때 우리의 도구와 수단으로 인한 착오의 가능성을 항상

의식하고 있어야 한다. 예컨대 영어 낱말 'style'은 원래 글자를 새길 때 쓰는 뾰족한 도구를 나타내는 말이었다. 그런 만큼 어떤 작품의 스타일을 논한다는 것은 이미 그 작품을 글로 간주한다는 뜻이 될 가능성이 있다. 이런 점은 스타일을 '문체文體'로 바꿔 생각하면 '文(글월 문)'이라는 한자에서 더욱 분명하게 드러난다. '문화文化'라는 용어도 마찬가지다. 해블록이 여러 차례 지적하는 것처럼 구술은 엄밀히 말해 글이 아니므로 근본적으로 문학文學에 포함되지 않는다. 그렇지만 구술 사회에 관한 모든 것을 문자 기록을 통해 추적할 수밖에 없는데다, 문자 기록을 오랜 세월 문학으로서 연구 분석하다보니 오늘날에는 그것이 문학이라는 관념으로 단단히 굳어버렸고, 따라서 그 관념을 스스로 의식하고 녹여가며 상상해야 한다.

문자 이전 시대의 우리나라에서 말을 고정하기 위해 어떤 기술을 사용했는지 추적하려면 그리스 선사시대를 연구할 때와는 비교할 수 없을 정도로 큰 어려움을 극복해야 한다. 한국어를 가장 잘 표기할 수 있는 문자는 한글이지만, 15세기에 한글이 발명되기 전까지 우리나라 고대어의 흔적은 주로 이두와 한자로 적힌 문헌에서 찾을 수밖에 없다. 이두를 읽을 때는 예컨대 '斗落只'라고 쓴 한자가 있을 때 그것이 '마지기'라는 말을 가리킨다는 사실을 경험적으로 알아야 제대로 읽을 수 있다.* 그리고 이 경험이 어쩌다가 다음 세대로 제대로 전달되지 않으면, '斗落只'라는 말의 뜻은 문맥으로 짐작한다 치더라도 '두락지'가 아니라 '마지기'라고 읽어야 한다는 것을 후세가 알아내기는 쉽지 않을 것이다. 그

* 참고로 '마지기'는 농지의 가치를 따지는 단위이며, 1마지기는 씨앗 한 말을 뿌려 농사지을 수 있는 땅을 말한다.(말+짓기) 밭이 두 군데 있을 때 넓이가 같다 해도 비옥도에 따라 거둬들이는 양이 달라지므로 두 밭의 가치를 넓이 개념으로는 제대로 따질 수 없다. 그러나 씨앗 한 말로부터 기대할 수 있는 수확량은 어느 정도 정해져 있으므로, 마지기 개념은 땅의 가치를 저울질할 때 넓이 개념보다 훨씬 더 합리적이다.

련 상황을 잘 알 수 있는 예로 '내일來日'이라는 낱말을 들 수 있다. '그제' '어제' '오늘' '내일' '모레' '글피' 등 오늘을 기준으로 전후 몇 날을 가리키는 낱말 중 유독 '내일'만 한자어인데, 12세기에 송에서 손목孫穆이라는 사람이 사신으로 고려에 왔다가 돌아가 고려 문화에 관해 쓴 『계림유사鷄林類事』를 보면 과연 옛날에는 내일을 가리키는 우리말이 있었다는 것을 알 수 있다. 이 책에서 손목은 고려인이 쓰는 낱말 360여 개를 소개하면서 그 시대 중국어 발음이나 뜻에 가까운 한자를 빌려 적었는데, 그 가운데 "내일은 轄載라 한다(明日曰轄載)"는 구절이 있다. 아쉽게도 그가 '轄載'로 표기한 우리말은 그 뒤로 '내일'이라는 한자어에 밀려나 쓰이지 않게 됐고, 이에 대해 국립국어원을 비롯하여 수많은 학자가 '흐제' '올제' '하제' 등 여러 의견을 내놓았지만 오늘날 '轄載'가 정확히 어떤 발음을 적은 것인지를 경험적으로 아는 사람은 아무도 없다. 고려 시대의 우리말조차 이런 식이라면, 선사시대 우리나라 언어가 구체적으로 어떤 모양이었을지 알아내는 작업이 얼마나 어려울지 짐작이 갈 것이다.

우리말에 '글'이라는 낱말이 있다는 사실은 특별하다. 우리 조상이 처음 접한 글이 한자로 된 것이었다면 오늘날 '글'이라는 낱말은 존재하지 않을 것이고, 아마도 '문文'을 글이라는 뜻의 낱말로 쓰고 있을 것이며, 옥편에서도 '글월 문'이 아니라 '문 문'이라고 풀이하고 있을 것이다. 다시 말해 '글'이라는 낱말이 있다는 것은 우리 조상은 한자로 된 글이 전래되기 전에 이미 글이라는 것의 존재를 알고 있었다는 뜻일 것이다. 나아가 '논' '낮' '물' '소' '집' '밥' '옷' 등 생활하며 쉽게 접하는 사물일수록 낱말의 음절 수가 적은 경향이 있음을 볼 때, '글' 역시 단음절인 '말'과 마찬가지로 꽤나 가까이에서 늘 접할 수 있는 사물이었을 것이다. 그렇지만 '글'이라는 낱말이 사회적으로 처음 받아들여졌을 때 무엇을 어디에 어떤 목적으로 기록한 사물을 가리켰는지를 우리는 알지 못한다. 한자가 전래되기 전에 문자라 할 만한 것이 생활에 쓰였다면 그 물리적 흔적이 오늘날 조금이라도 남아 있을 것이 분명하고, 쓰이지 않았다면 '글'이라는 낱말이 사회적으로 의미를 인정받지 못했을 테니 우리로서는 수수께끼가 아닐 수 없다.

사람들이 글에 부여하는 지위는 시대에 따라 다르다. 현대에 와서도 인터넷과 휴대폰이 등장하기 이전의 글은 일반적으로 '퇴고'라는 지적 과정까지 거쳐 만들어지는 결과물이었다. 나아가 인쇄된 책은 그 자체로 특별한 권위를 지니고 있었다. 일상 대화에서 "책에서 읽었다"는 말과 함께 내놓는 주장은 막강한 근거를 지닌 것으로 받아들여졌다. 초중고 교과서는 정확한 언어와 확정된 지식을 담은 경전 반열에 들어 있었다. 그러나 인터넷과 휴대폰이 대중화된 오늘날, 전자기기에 표시되는 글은 물론이고 여러 사람이 내용을 확인하고 표현을 다듬은 끝에 출판되는 책조차도 그런 권위를 누리지 못한다. 사람들은 인터넷 게시판에 글을 올리거나 휴대폰으로 문자를 보내면서 거의 즉각적 반응을 기대하고, 댓글을 달거나 답문을 보낼 때도 거의 즉각적으로 반응한다. 말로 대꾸할 때는 익숙할 대로 익숙한 우리의 신체기관만 있으면 되지만, 댓글을 달거나 답문을 보낼 때는 자판이라는 몸 밖 도구를 동원해야 한다. 그러나 이럴 때 퇴고 과정은 대체로 생략되고, 상대방에게 보내는 글은 글이라기보다 더 즉각적인 말에 가까운 형태가 된다. 또 말의 즉각성을 최대한 따라잡으려다보니 '감자튀김'을 '감튀'처럼 줄여 쓰게 되고, '대박!' 같은 유행어가 섬세하고 복잡한 감정을 대신 전달하는 만능 표현으로 활용된다. 그리고 이런 갖가지 경향이 거꾸로 말에 영향을 미치면서 글에서 일어나는 변화가 빠른 속도로 말에 반영된다.

과거의 글이 생각이나 말에 물리적 형태가 부여된 것이라면 오늘날의 글은 생각에 가상의 형태가 부여된 것이다. 내가 태어난 때는 펜으로 글을 쓰고 활자로 인쇄하던 시대였다. 일반적으로 타

자기는 전문 기능인의 영역이었고, 대부분은 손으로 직접 글자를 썼다. 출판을 염두에 둔 글은 200자 원고지에다 썼다. 손을 통해 종이 위에 기록되는 내 생각은 기록되는 그 순간 확정되어 물리적 형태를 취했다. 타자기를 사용하든 손으로 쓰든 일단 종이에 쓴 것을 지우거나 고치거나 덧써넣으면 그 역시 물리적 흔적으로 남았다. 그러다가 한 줄짜리 액정 화면이 달린 전자타자기라는 것이 나왔다. 한 줄 분량의 글을 '입력'한 다음 '리턴' 키를 치면 종이에 그 한 줄이 인쇄되고 다시 한 줄을 입력할 수 있었다. '리턴'을 치기 전에 내가 입력한 그 한 줄 내용을 읽고 고칠 수 있었으므로 그 한 줄만큼 생각을 유보해둘 수 있는 도구였다. 생각의 흐름에 가장 큰 변화를 가져온 도구는 워드프로세서다. 이것은 흘러가는 생각을 그대로 글로 기록할 수 있지만, 최종적으로 인쇄 또는 발행하기까지 유보된 상태로 보관하면서 얼마든지 첨삭할 수 있고 논리의 순서까지도 마음대로 바꿀 수 있다. 이렇게 완성된 글에서 생각이 흘러가는 길은 자연에서 저절로 생겨나는 시내가 아니라 도시에 인위적으로 만든 수로에 가까울 것이다.

이와 비슷한 맥락에서 지금 우리는 종이에 인쇄하는 물리적 형태의 발행 방식이 쇠퇴하고 인터넷이라는 가상공간에 발행하는 방식이 떠오르는 시대에 살고 있다. 독자로서 가상 발행 방식에는 여러 가지 장점이 있는데, 글꼴이나 배경색, 쪽의 크기 등을 사람마다 자신에게 편안하게끔 조절할 수 있는 것도 그중 하나다. 무엇보다 편리한 점은 검색일 것이다. 종이책에서 특정 낱말을 찾으려면 찾아보기를 이용해야 하고, 해당 낱말이 찾아보기에 수록돼 있지 않으면 차례를 통해 찾아낼 가능성이 높은 부분으로 좁혀 들어가는 식으로 타협하거나 책 전체를 처음부터 끝까지 순차적으로 훑어야 한다. 그러나 인터넷 문서라면 내용의 흐름과는 무관하게 검색 기능을 통해 해당 낱말이 나오는 부분을 간단히 찾아 읽을 수 있다. 반면 현실적으로 가상 발행의 가장 큰 문제점은 자료의 불확실성일 것이다. 이것은 자료의 정확성과는 다른 문제다. 예를 들어 논문을 쓸 때 참조하거나 인용한 어떤 글이 필사본이라면 쪽 번호가 사본마다 다르기 때문에 내용의 특정 부분을 가리킬 때 제목과 아울러 정해진 장-절(성서 등) 또는 권-줄(그리스 서사시 등) 번호를 첨부한다. 인쇄본의 경우 같은 판본이라면 쪽 번호와 모양이 똑같기 때문에 판본을 명시하고 쪽 번호를 쓰면 완벽하다.

가상 발행 시대인 만큼 오늘날에는 인터넷에 발행된 글을 참조하는 경우도 많은데, 애초부터 인쇄를 목적으로 하는 PDF 같은 문서가 아니면 쪽 번호가 의미가 없으므로 출처를 표시할 때 그 글을 가리키는 인터넷 주소만 적는다. 긴 글일 경우 특정 부분을 찾는 일은 브라우저의 검색 기능에 맡긴다. 그런데 책이나 신문 등 물리적 형태가 있는 자료는 언제든 누구든 해당 자료를 찾아 검증하는 것이 가능하지만, 가상 형태로 존재하는 인터넷 자료는 언제라도 수정되거나 사라질 수 있다. 언론사의 기사는 내용뿐 아니라 제목까지 바뀔 수 있고 아예 삭제되는 경우도 많다. 공신력을 인정받는 각국 정부 자료도 홈페이지 개편을 거치면 웹사이트의 미로 속에 파묻힌다. 심지어 홈페이지가 통째로 없어지는 기관도 있다. 유엔이라는 국제기구에서 내놓는 보고서조차 몇 년이 지나면 흔적조차 찾을 수 없는 것이 많다. 명확한 자료를 가지고 쓴 탄탄한 논문의 근거가 어느 날 갑자기 흔들리거나 없어지는 것이다. 그래서 인터넷 주소를 첨부할 때 이 문제를 보완하기 위해 열람 날짜를 첨부하기도 하지만, 논문 저자가 활용한 자료를 나중에 그 형태 그대로 확인하지 못하게 될 수도 있다는 사실은 바뀌지 않는다. 가상 발행은 우리에게 여러 가지 편리한 점을 제공한다. 그러나 그 이면에는 발행물이 언제든 바뀌거나 사라질 수 있으며, 미래에 같은 주소에서 같은 형태를 유지하고 있을지가 불확실하다는 사실이 자리잡고 있다.

구술은 문자가 없는 시대에서도 나중에 등장했을 것이다. 문자가 발명되면서 구술은 말을 고정하는 역할을 문자에게 맡기고 오락으로 남았다. 문자가 쓰이기 시작한 뒤로 수천 년 동안 말과 생각은 물리적 형태의 글에 기록됐다. 오늘날에는 글이 가상 형태를 띠며, 그로 인해 이 시대 우리 인류는 저 옛날 그리스인이 경험한 문자 혁명과 비슷한 차원의 의식 변화를 거치고 있는지도 모른다.

2021년 8월
권루시안

참고문헌

걸리(Gulley, Norman)

1964 Homer, Plato and the Two Cultures. *CR* n.s. 14:31~33.

겔브(Gelb, I. J.)

1952 *A Study of Writing: The Foundations of Grammatology.* Chicago: University of Chicago Press. 1963 개정판. [한국어판: 『문자의 원리』, I. J. 겔브 지음, 연규동 옮김, 연세대학교 대학출판문화원, 2013]

골드(Goold, G. P.)

1960 Homer and the Alphabet. *TAPA* 91(1960):272~291.

구디(Goody, Jack)

1972 *The Myth of the Bagre.* Oxford: Oxford University Press.

1977 *The Domestication of the Savage Mind.* Cambridge: Cambridge University Press. [한국어판: 『야생 정신 길들이기—인간 정신의 발달 과정을 해명하다』, 잭 구디 지음, 김성균 옮김, 푸른역사, 2009]

구디·와트(Goody, Jack, and Ian Watt)

1968 The Consequences of Literacy. In *Literacy in Traditional Societies*, ed. J. Goody, pp. 27~68. Cambridge: Cambridge University Press.

그린(Grene, D.)

1954 *The Complete Greek Tragedies. Sophocles I.* Chicago: University of Chicago Press.

녹스(Knox, B. W.)

1968 Silent Reading in Antiquity. *Greek, Roman and Byzantine Studies.* 19:432~435.

닐손(Nilsson, Martin P.)

1933 *Homer and Mycenae.* London: Methuen. 1968 재발행, New York: Cooper Square Publishers.

데리다(Derrida, Jacques)

1967 *De la Grammatologie*. Paris: Editions de Minuit.[한국어판: 『그라마톨로지에 대하여』, 자크 데리다 지음, 김웅권 옮김, 東文選, 2004]

1976 [영어판] *Of Grammatology*. Baltimore: Johns Hopkins University Press.

데이비슨(Davison, J. A.)

1962 Literature and Literacy in Ancient Greece. *Phoenix* 14, nos. 3 and 4.

디린저(Diringer, David)

1953 *The Alphabet: A Key to the History of Mankind* 개정판. New York: Philosophical Library.

디아스델카스티요(Diaz del Castillo, Bernal)

1983 [1517~1575] *Historia verdadera de la conquista de la Nueva Espana*. Mexico: Editorial Patria.

라이먼(Leiman, S. Z.)

1976 *The Canonization of Hebrew Scripture*. Hamden, CT: Archon Books, for the Connecticut Academy of Arts and Sciences.

레비브륄(Lévy-Bruhl, Lucien)

1910 *Les Fonctions mentales dans les sociétés inférieures*. Paris: Alcan.

1923 *Primitive Mentality*.(L. A. Clare 옮김) New York: Macmillan.[한국어판: 『원시인의 정신세계』, 뤼시앙 레비브륄 지음, 김종우 옮김, 나남, 2011]

레비스트로스(Lévi-Strauss, Claude)

1958 *Anthropologie Structurale*. Paris: Pion.[한국어판: 『構造人類學』, 클로드 레비 스트로스 지음, 김진욱 옮김, 종로서적, 1983]

1962 *La Pensée Sauvage*. Paris: Plon.[한국어판: 『야생의 사고』, 레비-스트로스 지음, 안정남 옮김, 한길사, 1996]

1964~1966 *Mythologiques* I, II, III. Paris: Plon.[한국어판: 이중 1, 2권이 나와 있다. 『신화학 1—날것과 익힌 것』, 레비-스트로스 지음, 임봉길 옮김, 한길사, 2005. 『신화학 2— 꿀에서 재까지』, 레비-스트로스 지음, 임봉길 옮김, 한길사, 2008]

레스키(Lesky, Albin)

1966 *A History of Greek Literature*. London: Methuen.

로드(Lord, Albert)

1960 *The Singer of Tales*. Cambridge, MA: Harvard University Press.

로브(Robb, Kevin)

1978 The Poetic Sources of the Greek Alphabet: Rhythm and Abecedarium from Phoenician to Greek. In *Communication Arts in the Ancient World*, pp. 23~36. New York: Hastings House.

1983 편, *Language and Thought in Early Greek Philosophy*. LaSalle, Illinois: Monist Library of Philosophy.

루리야(Luria, A. R.)

1968 *The Mind of a Mnemonist*. New York: Basic Books.

1976 *Cognitive Development: Its Cultural and Social Foundations*, ed. Michael Cole 러시아어 원판(1974)을 Martin Lopez-Morillas와 Lynn Solotaroff가 옮김. Cambridge, MA, and London: Harvard University Press. [한국어판: 『비고츠키와 인지 발달의 비밀—문화역사적 이론의 탄생』 A. R. 루리야 지음, 배희철 옮김, 살림터, 2013]

루소(Rousseau, Jean-Jacques)

1762 *Essai sur l'origine des langues: ou il est parlé de la mélodie et de l'imitation musicale. Oeuvres*(전21권, 1820-1823)에 재수록, 13:143~221. Paris: E A Lequien. [한국어판: 『언어 기원에 관한 시론』, 장자크 루소 지음, 주경복·고봉만 옮김, 책세상, 2002]

리지웨이(Ridgway, Brunilde S.)

1977 *The Archaic Style in Greek Sculpture*. Princeton: Princeton University Press.

리터·프렐러(Ritter, H., and L. Preller)

1913 Historia Philosophiae Graecae; testimonia auctorum conlegerunt notisque instruxerunt. Gotha. (제10판, 1934)

마이어(Mayr, Ernst)

1963 *Animal Species and Evolution*. Cambridge, MA: Belknap Press of Harvard-University Press.

말리노프스키(Malinowski, Bronislaw)

1923 The Problem of Meaning in Primitive Language. In *The Meaning of Meaning*, ed. Ogden and Richards. New York: Harcourt Brace; London: Kegan Paul Trench Trubner.

매쿼리(MacQuarrie, John)

1985 Clearing the Mists from Olympus. *New York Times Book Review*, October 6.

매클루언(McLuhan, Marshall)

1962 *The Gutenberg Galaxy: The Making of Typographic Man*. Toronto: University of Toronto Press. [한국어판: 『구텐베르크 은하계—활자 인간의 형성』, 마샬 맥루한 지음, 임상원 옮김, 커뮤니케이션북스, 2001]

맥더미드(McDiarmid, John)

1953 Theophrastus on the Presocratic Causes. *HSCP* 61:85~156.

모리스(Morris, Sarah P.)

1984 *The Black and White Style: Athens and Aigina in the Orientalizing Period*. New Haven and London: Yale University Press.

발로그(Balogh, Josef)

1926 "Voces Paginarum": Beiträge zur Geschichte des lauten Lesens und Schreibens. *Philologus* 82:84~109, 202~240.

베르낭(Vernant, J. -P.)

1967 Tensions and Ambiguities in Greek Tragedy. In Interpretation: *Theory and Practice*, ed. C. A. Singleton, Baltimore: Johns Hopkins University Press.

볼프(Wolf, F. A.)

1795 *Prolegomena ad Homerum*. Halle.(제3판, 1884, Halle)

스넬(Snell, Bruno)

1924 Die Ausdrücke für den Begriff des Wissens in der vorplatonischen Philosophie. *Philol. Untersuch*. 29, Berlin.

1953 *The Discovery of Mind* (T. Rosenmeyer 옮김). Oxford: Oxford University Press.[한국어판: 『정신의 발견—희랍에서 서구 사유의 탄생』, 브루노 스넬 지음, 김재홍·김남우 옮김, 그린비, 2020]

스튜어트(Stewart, Zeph)

1958 Democritus and the Cynics. *HSCP* 63:179~191.

시걸(Segal, Charles)

1986 Tragedy, Orality, Literacy. In *Oralità; Cultura, Letteratura, Discorso: Atti del Convegno Internazionale a cura di Bruno Gentili e Giuseppe Paioni*. Rome: Edizioni dell' Ateneo.

아이젠스타인(Eisenstein, Elizabeth)

1979 *The Printing Press as an Agent of Change: Communications and Cultural Transformations in Early-Modern Europe*, 전2권. New York: Cambridge University Press.

앤드루스(Andrewes, A.)

1971 *The Greeks*. New York: Knopf.

오스틴(Austin, J. L.)

1961 *Philosophical Papers*. Oxford: Clarendon.

올터(Alter, Robert)

1985 The Poetry of the Bible. *New Republic*, September 30.

옹(Ong, Walter J.)

1958 *Ramus; Method and the Decay of Dialogue*. Cambridge, MA: Harvard University Press.

1967 *The Presence of the Word*. New Haven and London: Yale University Press. [한국어판: 『언어의 현존』, 월터 J. 옹 지음, 이영걸 옮김, 탐구당, 1985]

1971 *Rhetoric, Romance, and Technology*. Ithaca and London: Cornell University Press.

1977 *Interfaces of the Word*. Ithaca and London: Cornell University Press.

1982 *Orality and Literacy*. London and New York: Methuen.[한국어판: 『구술문화와 문자문화—언어를 다루는 기술』, 월터 J. 옹 지음, 임명진 옮김, 문예출판사, 2018(개정판)]

와트(Watt, Ian)

1963 Alphabetic Culture and Greek Thought. In *The Consequences of Literacy*, by Jack Goody and Ian Watt, pp. 42~54. Comparative Studies in Society and History V, no. 3.

웨스트(West, Martin)

1966 Hesiod, *Theogony*, 머리말과 주석을 첨부한 편집판. Oxford: Clarendon Press.

1978 Hesiod, *Works and Days*, 머리말과 주석을 첨부한 편집판. Oxford: Clarendon Press.

웨이드제리(Wade-Gery, H. T.)

1952 *The Poet of the Iliad*. Cambridge: Cambridge University Press.

이니스(Innis, Harold)

1951 *The Bias of Communication*. Toronto: University of Toronto Press. 1971 재발행.[한국어판: 『커뮤니케이션 편향』, 해럴드 애덤스 이니스 지음, 이호규 옮김, 커뮤니케이션북스, 2018]

제프리(Jeffery, L. H.)

1961 *The Local Scripts of Archaic Greece*. Oxford: Clarendon Press.

젠킨스(Jenkyns, Richard)

1980 *The Victorians and Ancient Greece*. Cambridge, MA: Harvard University Press.

주스(Jousse, Marcel)

1925 *Le Style oral rhythmique et mnémotechnique chez les Verbo-moteurs*. Paris: G. Beauchesne.

채드윅·채드윅(Chadwick, H. M. and N. K.)

1932~1940 *The Growth of Literature*. 전3권. Cambridge: Cambridge University Press.

처니스(Cherniss, Harold F.)

1935 *Aristotle's Criticism of Presocratic Philosophy*. Baltimore: Johns Hopkins University Press.

체이터(Chaytor, H. J.)

1945 *From Script to Print: An Introduction to Medieval Literature*. Cambridge: Cambridge University Press.

커크(Kirk, G. S.)

1954 *Heraclitus: The Cosmic Fragments*. Cambridge: Cambridge University Press.

1962 *The Songs of Homer*. Cambridge: Cambridge University Press.

켈버(Kelber, Werner)

1983 *The Oral and the Written Gospel*. Philadelphia: Fortress Press.

국(Cook, J. M.)
1971 A Painter and His Age. *Mélanges offerts à André Varagnac*. Paris.
크로스비(Crosby, Ruth)
1936 Oral Delivery in the Middle Ages. *Speculum* 11:88~110.
클랜치(Clanchy, M. T.)
1979 *From Memory to Written Record: England*, 1066~1307. London: Edward Arnold.
클로스(Claus, David B.)
1981 *Toward the Soul: An Inquiry into the Meaning of Soul before Plato*. New Haven and London: Yale University Press.
터너(Turner, Frank M.)
1981 *The Greek Heritage in Victorian Britain*. New Haven and London: Yale University Press.
테들록(Tedlock, D.)
1977 Toward an Oral Poetics. *New Literary History* 8:507~519.
파이퍼(Pfeiffer, Robert)
1941 *Introduction to the Old Testament*. 제2판. New York: Harper.
1957 *The Hebrew Iliad*, 히브리어 원본을 영어로 옮기고 William G. Pollard가 전체 및 장별 해설을 첨부. New York: Harper and Brothers.
패리(Parry, A. M.)
1966 Have We Homer's *Iliad? YCS* 20:177~216.
1971 Editor, *The Making of Homeric Verse*. Oxford: Clarendon Press.
패리(Parry, Milman)
1928 *L'Épithète Traditionnelle dans Homère*. Paris: Société Editrice des Belles Lettres.
1930 Studies in the Epic Technique of Oral Verse-Making: I. Homer and the Homeric Style. *HSCP* 41:73~147.
1932 Studies in the Epic Technique of Oral Verse-Making: II. The Homeric Language as the Language of an Oral Poetry. *HSCP* 43:1~50.
페브르·마르탱(Febvre, Lucien, and Henri-Jean Martin)
1958 *L'Apparition du livre*. Paris: Editions Albin-Michel. [한국어판: 『책의 탄생—책은 어떻게 지식의 혁명과 사상의 전파를 이끌었는가』 뤼시앵 페브르·앙리 장 마르탱 지음, 강주헌·배영란 옮김, 돌베개, 2014]
폴라드(Pollard, W. G.)
1957 *The Hebrew Iliad*. (앞의 파이퍼 참조)
피네건(Finnegan, Ruth)
1970 *Oral Literature in Africa*. Oxford: Clarendon Press.

1982 Oral Literature and Writing in the South Pacific. In *Oral and Traditional Literatures*, ed. N. Simms. Pacific Quarterly 7.

하딩(Harding, D. W.)

1968 Review of A. R. Luria, *The Mind of a Mnemonist*. New York Review of Books, April 9, pp. 10~12.

하우스홀더(Householder, F.)

1959 Review of Emmett Bennett and Others. *CJ* 54:379~383.

하트먼(Hartman, Geoffrey)

1981 *Saving the Text: Literature/Derrida/Philosophy*. Baltimore: Johns Hopkins University Press.

해블록(Havelock, E. A.)

1952 Why Was Socrates Tried? In *Studies in Honour of Gilbert Norwood*, Phoenix Suppl. 1:95~109. Toronto: University of Toronto Press.

1957 *The Liberal Temper in Greek Politics*. New Haven: Yale University Press; London: Jonathan Cape.

1958 Parmenides and Odysseus. *HSCP* 63:133~143.

1963 *Preface to Plato*. Cambridge, MA: Harvard University Press; Oxford: Basil Blackwell. 재발행, New York: Grossett and Dunlap, 1967; Harvard University Press, 1971. 이탈리아어판은 *Cultura Orale e Civilta della Scrittura*. Rome: Laterza, 1973. [한국어판: 『플라톤 서설—구송에서 기록으로, 고대 그리스의 미디어 혁명』, 에릭 A. 해블록 지음, 이명훈 옮김, 글항아리, 2011]

1966a Pre-Literacy and the Pre-Socratics. Institute of Classical Studies Bulletin No. 13:44~67. University of London.

1966b Thoughtful Hesiod. *YCS* 20:61~72.

1969 Dikaiosune: An Essay in Greek Intellectual History. *Phoenix* 23:49~70.

1972 The Socratic Self as it is parodied in Aristophanes' *Clouds*. *YCS* 22:1~18.

1973a Prologue to Greek Literacy. In *University of Cincinnati Classical Studies II*, pp. 331~391. Oklahoma: University of Oklahoma Press.

1973b The Sophistication of Homer. In *I. A. Richards: Essays in His Honor*, pp. 259~275. New York: Oxford University Press.

1976 *Origins of Western Literacy*. Toronto: Ontario Institute for Studies in Education. 프랑스어판 *Aux origines de la civilisation écrite en Occident*. Paris: Librairie François Maspero, 1981.

1978a *The Greek Concept of Justice from Its Shadow in Homer to Its Substance in Plato*. Cambridge, MA: Harvard University Press. 이탈리아어판 *Dike: La Nascita della Coscienza*. Rome: Laterza, 1981.

1978b The Alphabetisation of Homer. In *Communication Arts in the Ancient World*, ed. Havelock and Hershbell, pp. 3~21. New York: Hastings House.
1979 The Ancient Art of Oral Poetry. *Philosophy and Rhetoric* 12:187~202.
1980 The Oral Composition of Greek Drama. *Quaderni Urbanati di Cultura Classica* 35: 61~113.
1981 The Cosmic Myths of Homer and Hesiod. *In Mito, storia e societa: Atti di 3° Congresso internazionale di studi antropologica Siciliani*. Palermo, Sicily. (인쇄본)
1982a *The Literate Revolution in Greece and Its Cultural Consequences*. Princeton: Princeton University Press.
1982b *Harold A. Innis: A Memoir.* Toronto: Harold Innis Foundation.
1983a The Socratic Problem: Some Second Thoughts. *In Essays in Ancient Greek Philosophy*, ed. Anton and Preus, 2:147~173. Albany: State University of New York.
1983b The Linguistic Task of the Presocratics. In *Language and Thought in Early Greek Philosophy*, ed. Kevin Robb, pp. 7~82. La Salle, Illinois: Monist Library of Philosophy.
1984 The Orality of Socrates and the Literacy of Plato. In *New Essays on Socrates*, ed. Eugene Kelly, pp. 67~93. Washington, D.C.: University Press of America.
1985 Oral Composition in the *Oedipus Tyrannus of Sophocles. New Literary History* 16:175~197.

햄프먼(Hanfmann, George M. A.)
1953 Ionia, Leader or Follower? *HSCP* 61:1~37.

찾아보기

뮤즈, 글쓰기를 배우다

초판 인쇄 ¦ 2021년 9월 8일
초판 발행 ¦ 2021년 9월 27일

지은이 ¦ 에릭 A. 해블록
옮긴이 ¦ 권루시안

책임편집 ¦ 이경록
편집 ¦ 김영옥 황현주
디자인 ¦ 슬기와 민 인진성
저작권 ¦ 김지영 이영은 김하림
마케팅 ¦ 정민호 이숙재 우상욱 정경주
홍보 ¦ 김희숙 함유지 김현지 이소정 이미희 박지원
제작 ¦ 강신은 김동욱 임현식
제작처 ¦ 천광인쇄(인쇄) 경일제책(제본)

펴낸곳 ¦ (주)문학동네
펴낸이 ¦ 염현숙
출판등록 ¦ 1993년 10월 22일 제406-2003-000045호
주소 ¦ 10881 경기도 파주시 회동길 210
전자우편 ¦ editor@munhak.com
대표전화 ¦ 031)955-8888
팩스 ¦ 031)955-8855
문의전화 ¦ 031)955-3578(마케팅) 031)955-3572(편집)
문학동네카페 ¦ http://cafe.naver.com/mhdn
문학동네트위터 ¦ @munhakdongne
북클럽문학동네 ¦ http://bookclubmunhak.com

ISBN 978-89-546-8240-4 93160

잘못된 책은 구입하신 서점에서 교환해드립니다.
기타 교환 문의 ¦ 031) 955-2661, 3580

www.munhak.com

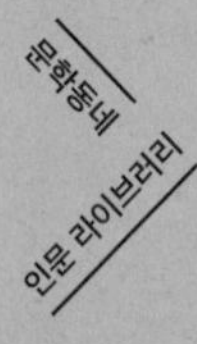

세상은 언제나 인문의 시대였다.
삶이 고된 시대에 인문 정신이 수면 위로 떠올랐을 뿐.
'문학동네 인문 라이브러리'는 인문 정신이 켜켜이 쌓인 사유의 서고書庫다.
오늘의 삶과 어제의 사유를 잇는 상상의 고리이자
동시대를 이끄는 지성의 집합소다.
살아 움직이는 유기체적 지식을 지향하고, 앎과 실천이 일치하는
건강한 지성 윤리를 추구한다.

1¦ **증여의 수수께끼** | 모리스 고들리에 ¦ 지음 | 오창현 ¦ 옮김
2¦ **진리와 방법 1** | 한스게오르크 가다머 ¦ 지음 | 이길우 외 ¦ 옮김
3¦ **진리와 방법 2** | 한스게오르크 가다머 ¦ 지음 | 임홍배 ¦ 옮김
4¦ **역사—끝에서 두번째 세계** | 지그프리트 크라카우어 ¦ 지음 | 김정아 ¦ 옮김
5¦ **죽어가는 자의 고독** | 노르베르트 엘리아스 ¦ 지음 | 김수정 ¦ 옮김
6¦ **루됭의 마귀들림** | 미셸 드 세르토 ¦ 지음 | 이충민 ¦ 옮김
7¦ **저자로서의 인류학자** | 클리퍼드 기어츠 ¦ 지음 | 김병화 ¦ 옮김
8¦ **검은 피부, 하얀 가면** | 프란츠 파농 ¦ 지음 | 노서경 ¦ 옮김
9¦ **전사자 숭배—국가라는 종교의 희생제물** | 조지 L. 모스 ¦ 지음 | 오윤성 ¦ 옮김
10¦ **어리석음** | 아비탈 로넬 ¦ 지음 | 강우성 ¦ 옮김
11¦ **기록시스템 1800·1900** | 프리드리히 키틀러 ¦ 지음 | 윤원화 ¦ 옮김
12¦ **비판철학의 비판** | 리쩌허우 ¦ 지음 | 피경훈 ¦ 옮김
13¦ **부족의 시대** | 미셸 마페졸리 ¦ 지음 | 박정호·신지은 ¦ 옮김
14¦ **인간성 수업** | 마사 C. 누스바움 ¦ 지음 | 정영목 ¦ 옮김
15¦ **자유의 발명 1700~1789 / 1789 이성의 상징** | 장 스타로뱅스키 ¦ 지음 | 이충훈 ¦ 옮김
16¦ **그래프, 지도, 나무—문학사를 위한 추상적 모델** | 프랑코 모레티 ¦ 지음 | 이재연 ¦ 옮김
17¦ **햄릿이냐 헤쿠바냐** | 카를 슈미트 ¦ 지음 | 김민혜 ¦ 옮김
18¦ **뮤즈, 글쓰기를 배우다** | 에릭 A. 해블록 ¦ 지음 | 권루시안 ¦ 옮김
19¦ **기나긴 혁명** | 레이먼드 윌리엄스 ¦ 지음 | 성은애 ¦ 옮김